해법 기초계산 G4

1 4주 완성의 계획적인 수학 학습!

2 시간 내 푸는 연습을 통한 실전 감각 향상!

3 다양한 구성의 문제로 사고력 향상!

계산력이 왜 중요한가?

선생님! 계산력이 왜 중요한가요?

수학 만점으로 가는 길은 계산력에서 시작한단다. 왜 중요한지 수학의 아버지 피타고라스 선생님에게 물어볼까?

계산력은 수학의 뿌리!
계산력 없이 수학은 생각할 수 없지.
수학은 계통성의 학문이라고 해.
역연산으로 인해 덧셈이 뺄셈의 기초가 되고,
곱셈이 확립되어야
나눗셈이 가능해지기 때문이지.
따라서 수학의 근간인 기초 계산력을
완벽하게 다져 주는 것이야말로
수학 만점으로 가는 첫걸음이지.

구성 과 특징

개념 만화

만화를 통한 원리 깨치기

만화를 통한 계산 원리와 개념을
이해할 수 있습니다.

1단계

집중 연습으로 계산력 다지기

집중 연습 문제로 기초 계산력을
완벽하게 다질 수 있습니다.

2단계

퍼즐형 문제로 정확성 기르기

흥미로운 퍼즐형 문제로 이루어져
집중력과 정확성까지 기를 수 있습니다.

3단계

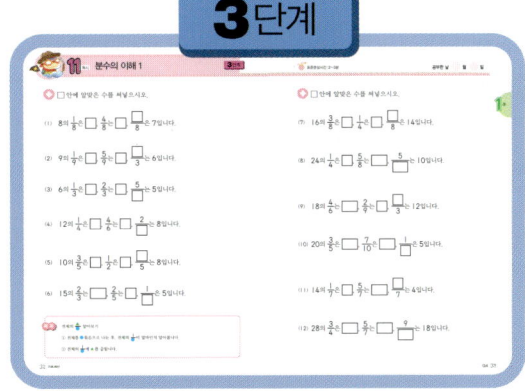

다양한 문제로 사고력 키우기

다양한 문제를 통해 수학적 사고력과
문제 해결력을 높일 수 있습니다.

내용 구성표

권	주	A단계 (5~7세)	B단계 (5~7세)	C단계 (5~7세)
1권	1	일대일 대응, 많다·적다	더하기 3 : (1~7)+3	빼기 5 : (1~20)-5
	2	1~5 수 익히기	더하기 3 : (1~17)+3	빼기 6 : (1~20)-6
	3	1~5 수 익히기	더하기 3 : (1~27)+3	빼기 4, 5, 6의 종합
	4	0, 6~10 수 익히기	더하기 1, 2, 3의 종합	더하기·빼기의 종합 ①
2권	1	0, 6~10 수 익히기	빼기 1 : (1~10)-1	더하기·빼기의 종합 ②
	2	1~10 종합	빼기 1 : (1~20)-1	더하기 7 : (1~9)+7
	3	수 가르기와 수 모으기(1, 2, 3, 4, 5)	빼기 2 : (1~10)-2	더하기 7 : (1~19)+7
	4	수 가르기와 수 모으기(6, 7, 8, 9, 10)	빼기 2 : (1~20)-2	더하기 7 : (1~23)+7
3권	1	11~20 수 익히기	빼기 3 : (1~10)-3	더하기 8 : (1~9)+8
	2	11~20 수 익히기	빼기 3 : (1~20)-3	더하기 8 : (1~22)+8
	3	1~20 종합	빼기 1, 2, 3의 종합	더하기 9 : (1~9)+9
	4	21~30 수 익히기	더하기·빼기의 관계 ①	더하기 9 : (1~21)+9
4권	1	31~40 수 익히기	더하기·빼기의 관계 ②	더하기 10 : (1~20)+10
	2	41~50 수 익히기	더하기 4 : (1~6)+4	더하기 7, 8, 9, 10의 종합
	3	1~50 종합	더하기 4 : (1~16)+4	더하기 1~10의 종합
	4	51~70 수 익히기	더하기 4 : (1~26)+4	빼기 7 : (1~20)-7
5권	1	71~100 수 익히기	더하기 5 : (1~9)+5	빼기 8 : (1~20)-8
	2	1~100 종합	더하기 5 : (1~15)+5	빼기 9 : (1~20)-9
	3	더하기 1 : (1~9)+1	더하기 5 : (1~25)+5	빼기 10 : (1~20)-10
	4	더하기 1 : (1~19)+1	더하기 6 : (1~9)+6	빼기 7, 8, 9, 10의 종합
6권	1	더하기 1 : (1~29)+1	더하기 6 : (1~14)+6	빼기 1~10의 종합
	2	더하기 2 : (1~8)+2	더하기 6 : (1~24)+6	더하기·빼기의 종합 ③
	3	더하기 2 : (1~18)+2	더하기 4, 5, 6의 종합	더하기·빼기의 종합 ④
	4	더하기 2 : (1~28)+2	빼기 4 : (1~20)-4	재미있는 더하기·빼기의 규칙

권	주	D단계 (초1)	E단계 (초2)	F단계 (초3)	G단계 (초4)
1권	1	더하기 1, 2, 3	받아올림이 있는 (두 자리 수)+(한 자리 수)	(세 자리 수)+(세 자리 수) ①	100, 1000, 10000, 몇백, 몇천 곱하기
	2	합이 5까지인 덧셈	받아내림이 있는 (두 자리 수)−(한 자리 수)	(세 자리 수)+(세 자리 수) ②	(세 자리 수)×(두 자리 수)
	3	합이 9까지인 덧셈	세 수의 덧셈	(세 자리 수)−(세 자리 수) ①	(네 자리 수)×(두 자리 수)
	4	받아올림이 없는 (한 자리 수)+(한 자리 수)	세 수의 뺄셈	(세 자리 수)−(세 자리 수) ②	(세 자리 수)×(세 자리 수)
2권	1	빼기 1, 2, 3	일의 자리에서 받아올림이 있는 (두 자리 수)+(두 자리 수)	2, 3, 4, 5의 단 곱셈구구를 이용한 나눗셈	(세 자리 수)÷(한 자리 수)
	2	5까지의 뺄셈	십의 자리에서 받아올림이 있는 (두 자리 수)+(두 자리 수)	6, 7, 8, 9의 단 곱셈구구를 이용한 나눗셈	(두·세 자리 수)÷(몇십)
	3	9까지의 뺄셈	일, 십의 자리에서 받아올림이 있는 (두 자리 수)+(두 자리 수)	곱셈구구를 이용한 나눗셈 ①	(두·세 자리 수)÷(두 자리 수)
	4	(한 자리 수)−(한 자리 수)	받아올림이 있는 (두 자리 수)+(두 자리 수)	곱셈구구를 이용한 나눗셈 ②	(세·네 자리 수)÷(두 자리 수)
3권	1	10이 되는 더하기	받아내림이 있는 (두 자리 수)−(두 자리 수) ①	(두 자리 수)×(한 자리 수) ①	덧셈과 뺄셈의 혼합 계산
	2	10에서 빼기	받아내림이 있는 (두 자리 수)−(두 자리 수) ②	(두 자리 수)×(한 자리 수) ②	곱셈과 나눗셈의 혼합 계산
	3	세 수의 계산 ①	세 수의 계산 ①	(두 자리 수)×(한 자리 수) ③	혼합 계산 1
	4	세 수의 계산 ②	세 수의 계산 ②	(두 자리 수)×(한 자리 수) ④	혼합 계산 2
4권	1	받아올림이 없는 (두 자리 수)+(한 자리 수)	2, 3, 4, 5의 단 곱셈구구	(네 자리 수)+(세 자리 수)	분수의 이해 1
	2	받아올림이 없는 (두 자리 수)+(두 자리 수)	6, 7, 8, 9의 단 곱셈구구	(네 자리 수)+(네 자리 수)	분수의 이해 2
	3	받아내림이 없는 (두 자리 수)−(한 자리 수)	곱셈구구 ①	(네 자리 수)−(세 자리 수)	분수의 이해 3
	4	받아내림이 없는 (두 자리 수)−(두 자리 수)	곱셈구구 ②	(네 자리 수)−(네 자리 수)	분수의 덧셈
5권	1	두 수의 합이 10이 되는 세 수의 덧셈	받아올림이 없는 (세 자리 수)+(세 자리 수)	(세 자리 수)×(한 자리 수)	분수의 덧셈
	2	(한 자리 수)+(한 자리 수) ①	일의 자리에서 받아올림이 있는 (세 자리 수)+(세 자리 수)	(한 자리 수)×(두 자리 수)	분수의 뺄셈 1
	3	(한 자리 수)+(한 자리 수) ②	십의 자리에서 받아올림이 있는 (세 자리 수)+(세 자리 수)	(두 자리 수)×(두 자리 수) ①	분수의 뺄셈 2
	4	(한 자리 수)+(한 자리 수)의 종합	일, 십의 자리에서 받아올림이 있는 (세 자리 수)+(세 자리 수)	(두 자리 수)×(두 자리 수) ②	세 분수의 덧셈과 뺄셈
6권	1	(십 몇)−(한 자리 수) ①	받아내림이 없는 (세 자리 수)−(세 자리 수)	(두 자리 수)÷(한 자리 수) ①	소수 한 자리 수의 덧셈
	2	(십 몇)−(한 자리 수) ②	십의 자리에서 받아내림이 있는 (세 자리 수)−(세 자리 수)	(두 자리 수)÷(한 자리 수) ②	소수 두·세 자리 수의 덧셈
	3	세 수의 덧셈	백의 자리에서 받아내림이 있는 (세 자리 수)−(세 자리 수)	(두 자리 수)÷(한 자리 수) ③	소수 한 자리 수의 뺄셈
	4	세 수의 뺄셈	십, 백의 자리에서 받아내림이 있는 (세 자리 수)−(세 자리 수)	(두 자리 수)÷(한`자리 수) ④	소수 두·세 자리 수의 뺄셈

Q&A 활용 가이드

Q

아이 수준을 몰라서
어느 단계의 교재를
선택하면 될지 모르겠어요.

계산 실수를 자주 해요.

시험 시간이 부족해요.

공부 계획을
스스로 세우기 힘들어요.

A

한 페이지에서
틀린 문제가 6문제 이상이면
이전 단계의
교재부터 시작하세요.

정해진 시간 안에 푸는
연습으로 실전 감각을
키우세요.

매일매일 공부하는
습관으로
정확성을 키우세요.

스케줄표를 이용해
계획을 세워
2주, 4주 완성에 도전하세요.

4주 완성 스케줄표

활용 방법 매일 2장(2차시)씩 풀면 24일 만에 완성할 수 있습니다.

1주	1일	2일	3일	4일	5일	6일
확인	12~15쪽	16~19쪽	20~23쪽	24~27쪽	28~31쪽	32~35쪽

2주	7일	8일	9일	10일	11일	12일
확인	40~43쪽	44~47쪽	48~51쪽	52~55쪽	56~59쪽	60~63쪽

3주	13일	14일	15일	16일	17일	18일
확인	68~71쪽	72~75쪽	76~79쪽	80~83쪽	84~87쪽	88~91쪽

4주	19일	20일	21일	22일	23일	24일
확인	96~99쪽	100~103쪽	104~107쪽	108~111쪽	112~115쪽	116~119쪽

※ 매일 4장(4차시)씩 풀면 12일 만에 완성할 수 있습니다.

분수의 이해 1

학습 체크표 매일 학습이 끝나면 채점을 하고 체크표를 작성하여 나의 실력을 알아보세요.

차시	단계	공부한 날	잘 했나요?			
1차시		월 일	😊	🙂	😑	😣
2차시		월 일	😊	🙂	😑	😣
3차시		월 일	😊	🙂	😑	😣
4차시		월 일	😊	🙂	😑	😣
5차시	1단계	월 일	😊	🙂	😑	😣
6차시		월 일	😊	🙂	😑	😣
7차시		월 일	😊	🙂	😑	😣
8차시		월 일	😊	🙂	😑	😣
9차시	2단계	월 일	😊	🙂	😑	😣
10차시		월 일	😊	🙂	😑	😣
11차시	3단계	월 일	😊	🙂	😑	😣
12차시		월 일	😊	🙂	😑	😣

틀린 개수가

0~1 개이면 😊 (아주 잘함)에, 2~3 개이면 🙂 (잘함)에,

4~5 개이면 😑 (보통)에, 6 개 이상이면 😣 (노력 바람)에 색칠해 주세요.

만화로 개념 알아보기

학습목표 분수를 이해하고, 부분의 양을 전체의 양과 비교하여 분수로 나타낼 수 있습니다.

이럴수가~! 피자가 2조각밖에 안 남았네~ 혼자서 8분의 6이나 먹다니!

응?

많은 거지! 넌 분자, 분모도 모르면서 피자만 잘 먹는구나~

히힛

힝~ 가르쳐줘!

응? 8분의 6이 많은 거야?

이걸 잘 봐~ 전체를 8조각으로 똑같이 나눴지? 그럼 분모를 8이라 하고~

그중에 네가 먹은 피자가 6조각이지? 점선으로 표시한 피자가 6조각~ 분자가 6인 거야~!

난 8이야~

가로 선 아래쪽에 있는 수를 분모, 위쪽에 있는 수를 분자라고 하는구나~

이제 분자와 분모에 관해서 잘 알겠어~

그건 다행인데......

헤헤

내가 설명하는 사이에 남은 피자를 다 먹다니~!

1주

① 16개를 똑같이 8묶음으로 나눕니다. ⇨ $16 \div 8$

② 8묶음 중 3묶음은 6개입니다. ⇨ $16 \div 8 \times 3$

16개의 $\dfrac{3}{8}$은 16개를 똑같이 8묶음으로 나눈 것 중의 3묶음입니다.

$$16 \div 8 \times 3 = 6$$

⇨ 16개의 8분의 3은 6개입니다.

✚ 색칠한 부분을 분수로 쓰시오.

(1)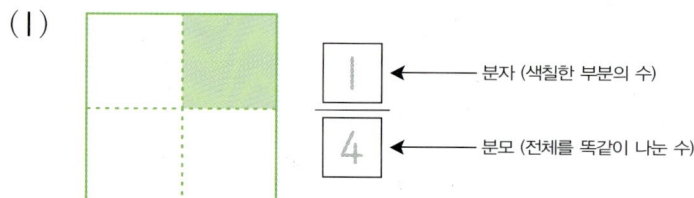

분자 (색칠한 부분의 수)

분모 (전체를 똑같이 나눈 수)

(2)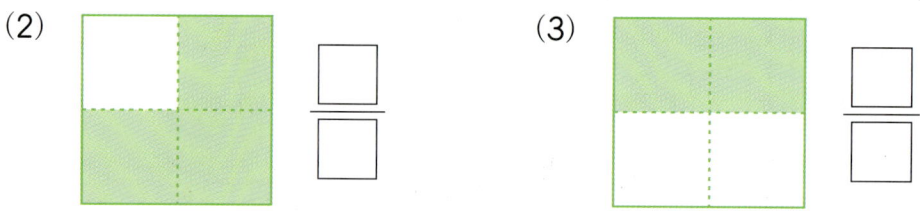

(3)

(4)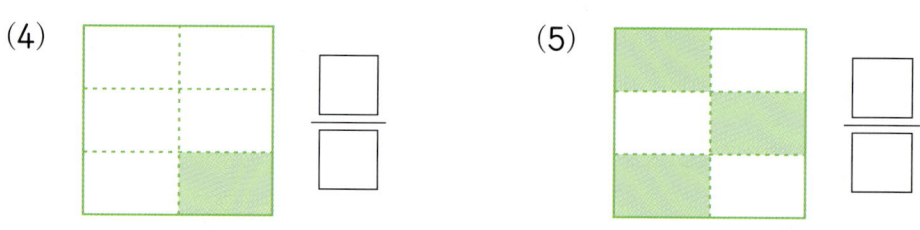

(5)

(6)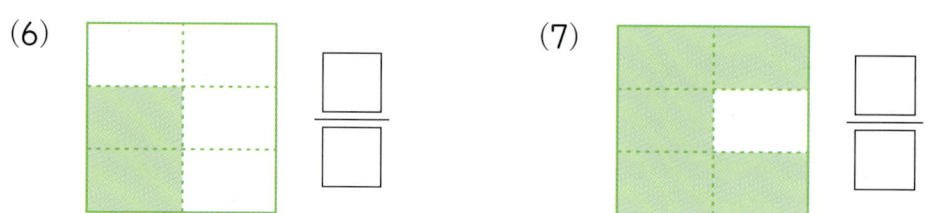

(7)

 전체를 똑같이 나눈 수를 분모에 쓰고, 그중 색칠한 부분의 수를 분자에 씁니다.
참고 : 분수에서 가로 선의 아래쪽에 있는 수를 분모, 위쪽에 있는 수를 분자라고 합니다.

색칠한 부분을 분수로 쓰시오.

(8) 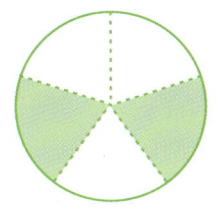 $\dfrac{\square}{\square}$

(9) 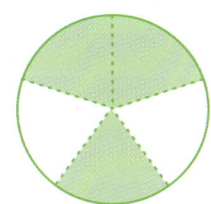 $\dfrac{\square}{\square}$

(10) 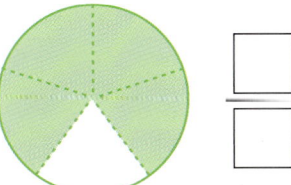 $\dfrac{\square}{\square}$

(11) 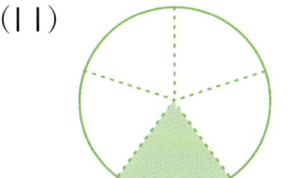 $\dfrac{\square}{\square}$

(12) 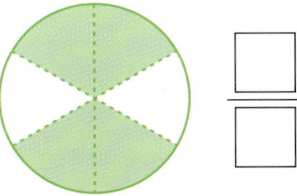 $\dfrac{\square}{\square}$

(13) 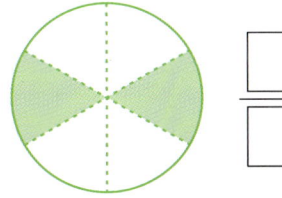 $\dfrac{\square}{\square}$

(14) 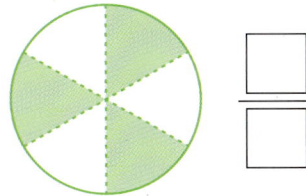 $\dfrac{\square}{\square}$

(15) 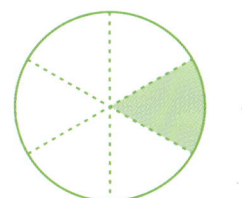 $\dfrac{\square}{\square}$

 색칠한 부분을 분수로 쓰시오.

(1)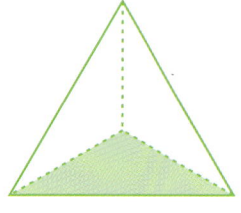

(2)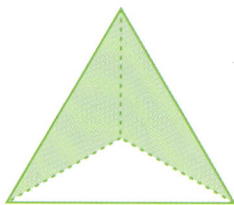

(3)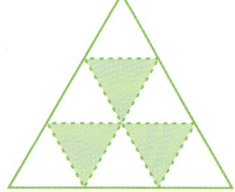

(4)

(5)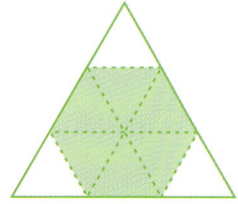

(6)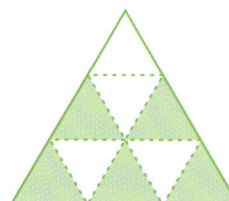

(7)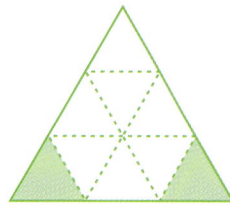

(8)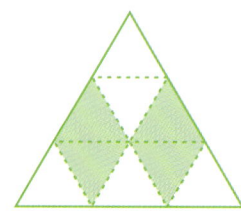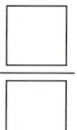

색칠한 부분을 분수로 쓰시오.

(9)

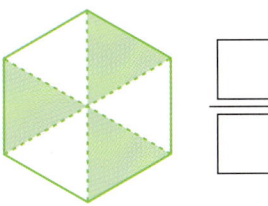

(10)

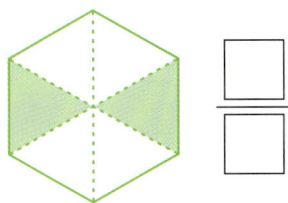

(11)

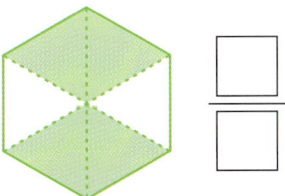

(12)

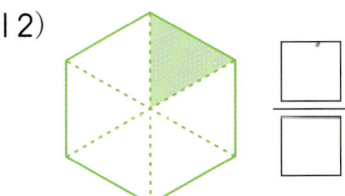

(13)

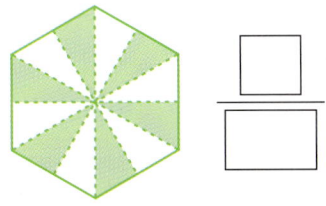

(14)

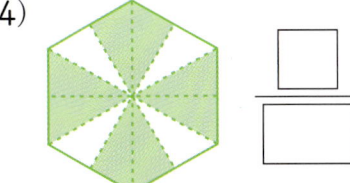

(15)

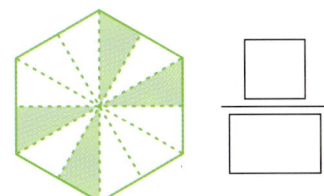

(16)

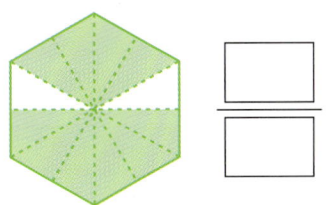

➕ 분수만큼 색칠하시오.

(1)

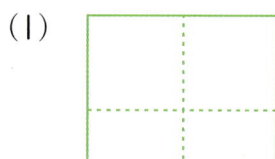

$\dfrac{2}{4}$ ← 전체 4칸 중 2칸을 색칠합니다.

위치에 관계없이 분자의 수만큼 색칠하면 됩니다.

(2) $\dfrac{1}{4}$

(3) $\dfrac{3}{4}$

(4) $\dfrac{2}{6}$

(5) $\dfrac{5}{6}$

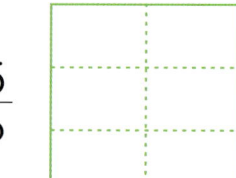

(6) $\dfrac{4}{6}$

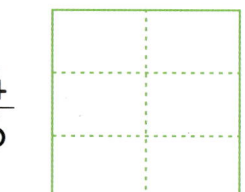

(7) $\dfrac{3}{6}$

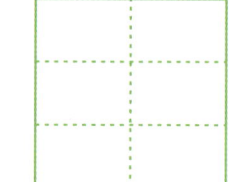

 분모의 수만큼 똑같이 나누어져 있는지 확인하고, 분자의 수만큼 색칠합니다.

✚ 분수만큼 색칠하시오.

(8)

$\dfrac{1}{5}$

(9)

$\dfrac{3}{5}$

(10)

$\dfrac{4}{5}$

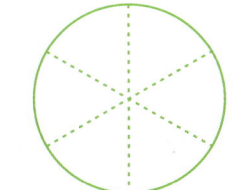

(11)

$\dfrac{2}{5}$

(12)

$\dfrac{1}{6}$

(13)

$\dfrac{4}{6}$

(14)

$\dfrac{5}{6}$

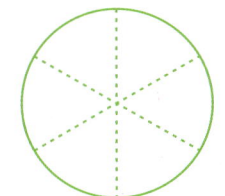

(15)

$\dfrac{2}{6}$

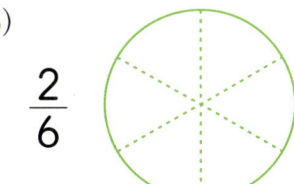

 분수만큼 색칠하시오.

(1) $\dfrac{2}{3}$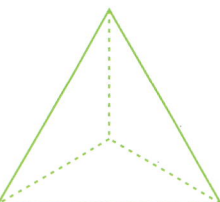

(2) $\dfrac{1}{3}$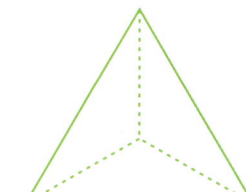

(3) $\dfrac{4}{9}$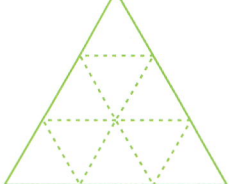

(4) $\dfrac{5}{9}$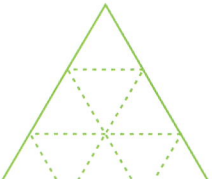

(5) $\dfrac{6}{9}$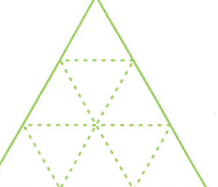

(6) $\dfrac{3}{9}$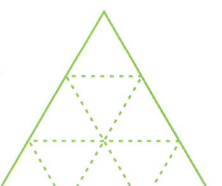

(7) $\dfrac{1}{9}$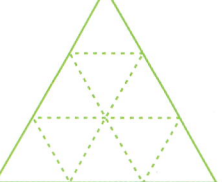

(8) $\dfrac{8}{9}$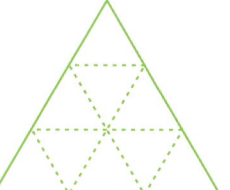

➕ 분수만큼 색칠하시오.

(9)

$\dfrac{2}{6}$

(10)

$\dfrac{1}{6}$

(11)

$\dfrac{5}{6}$

(12)

$\dfrac{4}{6}$

(13)

$\dfrac{7}{12}$

(14)

$\dfrac{4}{12}$

(15)

$\dfrac{5}{12}$

(16)

$\dfrac{8}{12}$

5차시 **분수의 이해 1**

➕ 다음과 같이 계산하시오.

(1)

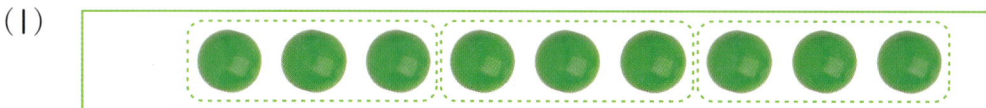

9의 $\dfrac{1}{3}$ → 9를 똑같이 3으로 나눈 것 중의 1 → $9 \div 3 \times 1 = 3$

(2) 9의 $\dfrac{2}{3}$ → 9를 똑같이 3으로 나눈 것 중의 2 → $9 \div 3 \times 2 = 6$

(3) 8의 $\dfrac{1}{2}$ → 8을 똑같이 2로 나눈 것 중의 1 → _____

(4) 5의 $\dfrac{4}{5}$ → 5를 똑같이 5로 나눈 것 중의 4 → _____

(5) 6의 $\dfrac{1}{3}$ → 6을 똑같이 3으로 나눈 것 중의 1 → _____

(6) 8의 $\dfrac{3}{4}$ → 8을 똑같이 4로 나눈 것 중의 3 → _____

꼭꼭 ● 의 $\dfrac{★}{▲}$ → 전체 ● 를 ▲ 묶음으로 나눈 것 중의 ★ 묶음입니다. → ● ÷ ▲ × ★

다음을 구하시오.

(7) 8의 $\dfrac{1}{8}$ =

(8) 8의 $\dfrac{1}{4}$ =

(9) 6의 $\dfrac{1}{2}$ =

(10) 2의 $\dfrac{1}{2}$ =

(11) 9의 $\dfrac{1}{9}$ =

(12) 6의 $\dfrac{2}{3}$ =

(13) 4의 $\dfrac{1}{4}$ =

(14) 4의 $\dfrac{1}{2}$ =

(15) 10의 $\dfrac{1}{10}$ =

(16) 10의 $\dfrac{1}{5}$ =

(17) 10의 $\dfrac{1}{2}$ =

(18) 12의 $\dfrac{1}{12}$ =

(19) 12의 $\dfrac{1}{6}$ =

(20) 12의 $\dfrac{1}{3}$ =

✿ 다음을 구하시오.

(1) $8의 \dfrac{2}{4} =$

(2) $8의 \dfrac{3}{4} =$

(3) $10의 \dfrac{2}{5} =$

(4) $10의 \dfrac{4}{5} =$

(5) $15의 \dfrac{1}{3} =$

(6) $15의 \dfrac{2}{3} =$

(7) $9의 \dfrac{2}{3} =$

(8) $9의 \dfrac{1}{3} =$

(9) $18의 \dfrac{5}{6} =$

(10) $18의 \dfrac{7}{9} =$

(11) $20의 \dfrac{3}{5} =$

(12) $20의 \dfrac{7}{10} =$

(13) $24의 \dfrac{3}{8} =$

(14) $24의 \dfrac{5}{6} =$

😊 다음을 구하시오.

(15) 6의 $\dfrac{1}{3}$ =

(16) 6의 $\dfrac{5}{6}$ =

(17) 14의 $\dfrac{5}{7}$ =

(18) 14의 $\dfrac{3}{7}$ =

(19) 21의 $\dfrac{4}{7}$ =

(20) 21의 $\dfrac{6}{7}$ =

(21) 12의 $\dfrac{2}{3}$ =

(22) 12의 $\dfrac{5}{6}$ =

(23) 16의 $\dfrac{3}{4}$ =

(24) 16의 $\dfrac{6}{8}$ =

(25) 25의 $\dfrac{2}{5}$ =

(26) 25의 $\dfrac{4}{5}$ =

(27) 32의 $\dfrac{9}{16}$ =

(28) 32의 $\dfrac{6}{8}$ =

7차시 분수의 이해 1

1단계

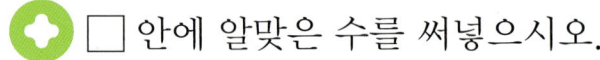 안에 알맞은 수를 써넣으시오.

(1)

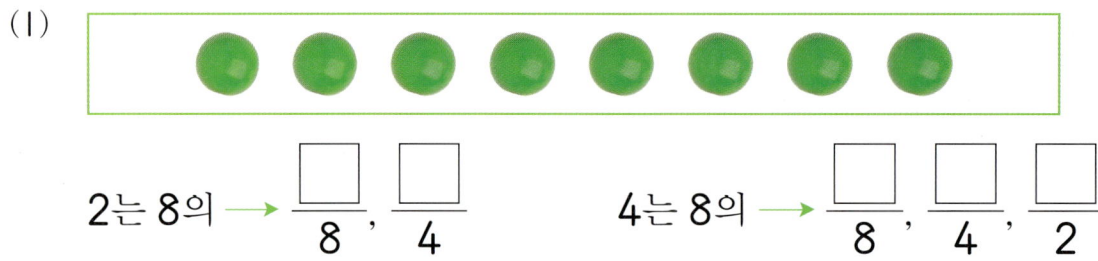

2는 8의 → $\dfrac{\square}{8}$, $\dfrac{\square}{4}$ 4는 8의 → $\dfrac{\square}{8}$, $\dfrac{\square}{4}$, $\dfrac{\square}{2}$

(2) 2는 6의 → $\dfrac{\square}{6}$, $\dfrac{\square}{3}$ (3) 3은 6의 → $\dfrac{\square}{6}$, $\dfrac{\square}{2}$

(4) 3은 9의 → $\dfrac{\square}{9}$, $\dfrac{\square}{3}$ (5) 6은 9의 → $\dfrac{\square}{9}$, $\dfrac{\square}{3}$

(6) 5는 10의 → $\dfrac{\square}{10}$, $\dfrac{\square}{2}$ (7) 8은 10의 → $\dfrac{\square}{10}$, $\dfrac{\square}{5}$

(8) 3은 12의 → $\dfrac{\square}{12}$, $\dfrac{\square}{4}$ (9) 8은 12의 → $\dfrac{\square}{12}$, $\dfrac{\square}{6}$, $\dfrac{\square}{3}$

꼭꼭

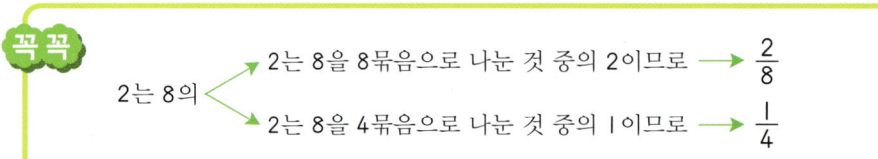

2는 8의

2는 8을 8묶음으로 나눈 것 중의 2이므로 → $\dfrac{2}{8}$

2는 8을 4묶음으로 나눈 것 중의 1이므로 → $\dfrac{1}{4}$

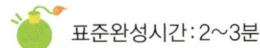
□ 안에 알맞은 수를 써넣으시오.

1 주

(10) 6은 8의 → $\dfrac{\square}{8}$, $\dfrac{\square}{4}$

(11) 10은 12의 → $\dfrac{\square}{12}$, $\dfrac{\square}{6}$

(12) 3은 15의 → $\dfrac{\square}{15}$, $\dfrac{\square}{5}$

(13) 15는 18의 → $\dfrac{\square}{18}$, $\dfrac{\square}{6}$

(14) 7은 14의 → $\dfrac{\square}{14}$, $\dfrac{\square}{2}$

(15) 13은 26의 → $\dfrac{\square}{26}$, $\dfrac{\square}{2}$

(16) 4는 10의 → $\dfrac{\square}{10}$, $\dfrac{\square}{5}$

(17) 6은 20의 → $\dfrac{\square}{20}$, $\dfrac{\square}{10}$

(18) 4는 6의 → $\dfrac{\square}{6}$, $\dfrac{\square}{3}$

(19) 12는 15의 → $\dfrac{\square}{15}$, $\dfrac{\square}{5}$

(20) 15는 24의 → $\dfrac{\square}{24}$, $\dfrac{\square}{8}$

(21) 20은 25의 → $\dfrac{\square}{25}$, $\dfrac{\square}{5}$

 □ 안에 알맞은 수를 써넣으시오.

(1) 3은 4의 $\dfrac{\boxed{}}{4}$

(2) 5는 8의 $\dfrac{\boxed{}}{8}$

(3) 6은 10의 $\dfrac{\boxed{}}{5}$

(4) 16은 24의 $\dfrac{\boxed{}}{3}$

(5) 9는 12의 $\dfrac{\boxed{}}{4}$

(6) 24는 32의 $\dfrac{\boxed{}}{4}$

(7) 16은 20의 $\dfrac{\boxed{}}{5}$

(8) 6은 14의 $\dfrac{\boxed{}}{7}$

(9) 14는 26의 $\dfrac{\boxed{}}{13}$

(10) 15는 25의 $\dfrac{\boxed{}}{5}$

(11) 20은 34의 $\dfrac{\boxed{}}{17}$

(12) 18은 38의 $\dfrac{\boxed{}}{19}$

(13) 35는 42의 $\dfrac{\boxed{}}{6}$

(14) 32는 40의 $\dfrac{\boxed{}}{5}$

□ 안에 알맞은 수를 써넣으시오.

(15) 2는 5의 $\dfrac{\square}{5}$

(16) 7은 9의 $\dfrac{\square}{9}$

(17) 14는 20의 $\dfrac{\square}{10}$

(18) 12는 16의 $\dfrac{\square}{8}$

(19) 20은 26의 $\dfrac{\square}{13}$

(20) 8은 18의 $\dfrac{\square}{9}$

(21) 18은 22의 $\dfrac{\square}{11}$

(22) 12는 28의 $\dfrac{\square}{7}$

(23) 25는 30의 $\dfrac{\square}{6}$

(24) 16은 56의 $\dfrac{\square}{7}$

(25) 10은 15의 $\dfrac{\square}{3}$

(26) 10은 16의 $\dfrac{\square}{8}$

(27) 11은 44의 $\dfrac{\square}{4}$

(28) 18은 54의 $\dfrac{\square}{9}$

빈칸에 알맞은 수를 써넣으시오.

	9의	18의	27의	36의	45의
$\dfrac{1}{3}$	3				
$\dfrac{4}{9}$					

	12의	24의	36의	48의	60의
$\dfrac{2}{3}$	8				
$\dfrac{7}{12}$					

 ●의 $\dfrac{★}{▲}$ → 전체 ●를 ▲묶음으로 나눈 것 중의 ★묶음입니다. → ●÷▲×★

◆ 빈칸에 알맞은 수를 써넣으시오.

	8의	24의	32의	56의	72의
$\dfrac{1}{2}$	4				
$\dfrac{5}{8}$					

	15의	30의	45의	60의	75의
$\dfrac{3}{5}$	9				
$\dfrac{11}{15}$					

 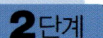

10 차시 분수의 이해 1 2 단계

✤ □ 안에 알맞은 수를 써넣으시오.

	4의	8의	12의	16의	20의
2는	□/2	□/8	□/12	□/16	□/20
3은	□/4	□/8	□/4	□/16	□/20

	6의	12의	18의	24의	30의
2는	□/3	□/6	□/18	□/24	□/30
3은	□/2	□/4	□/6	□/24	□/10
4는	□/3	□/3	□/9	□/12	□/15

표준완성시간 : 3~4분

공부한 날　월　일

1주

□ 안에 알맞은 수를 써넣으시오.

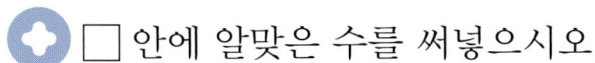

	12의	24의	36의	48의	60의
6은	□/2	□/8	□/12	□/16	□/30
8은	□/3	□/12	□/18	□/12	□/15

	8의	16의	24의	32의	40의
2는	□/4	□/8	□/12	□/16	□/20
6은	□/4	□/8	□/4	□/16	□/20
4는	□/2	□/8	□/6	□/16	□/20

✿　□ 안에 알맞은 수를 써넣으시오.

(1) 8의 $\dfrac{1}{8}$은 □, $\dfrac{4}{8}$는 □, $\dfrac{□}{8}$은 7입니다.

(2) 9의 $\dfrac{1}{9}$은 □, $\dfrac{5}{9}$는 □, $\dfrac{□}{3}$는 6입니다.

(3) 6의 $\dfrac{1}{3}$은 □, $\dfrac{2}{3}$는 □, $\dfrac{5}{□}$는 5입니다.

(4) 12의 $\dfrac{1}{4}$은 □, $\dfrac{4}{6}$는 □, $\dfrac{2}{□}$는 8입니다.

(5) 10의 $\dfrac{3}{5}$은 □, $\dfrac{1}{2}$은 □, $\dfrac{□}{5}$는 8입니다.

(6) 15의 $\dfrac{2}{3}$는 □, $\dfrac{2}{5}$는 □, $\dfrac{1}{□}$은 5입니다.

　전체의 $\dfrac{▲}{●}$ 알아보기

① 전체를 ●묶음으로 나눈 후, 전체의 $\dfrac{1}{●}$이 얼마인지 알아봅니다.

② 전체의 $\dfrac{1}{●}$에 ▲를 곱합니다.

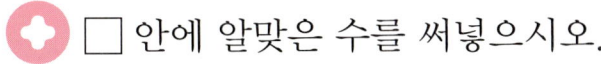 □ 안에 알맞은 수를 써넣으시오.

(7)　16의 $\dfrac{3}{8}$은 □, $\dfrac{1}{4}$은 □, $\dfrac{\square}{8}$은 14입니다.

(8)　24의 $\dfrac{1}{4}$은 □, $\dfrac{5}{8}$는 □, $\dfrac{5}{\square}$는 10입니다.

(9)　18의 $\dfrac{4}{6}$는 □, $\dfrac{2}{9}$는 □, $\dfrac{\square}{3}$는 12입니다.

(10)　20의 $\dfrac{3}{5}$은 □, $\dfrac{7}{10}$은 □, $\dfrac{1}{\square}$은 5입니다.

(11)　14의 $\dfrac{1}{7}$은 □, $\dfrac{5}{7}$는 □, $\dfrac{\square}{7}$는 4입니다.

(12)　28의 $\dfrac{3}{4}$은 □, $\dfrac{5}{7}$는 □, $\dfrac{9}{\square}$는 18입니다.

12차시 **분수의 이해 1**   **3**단계

❖ □ 안에 알맞은 수를 써넣으시오.

(1) 2는 4의 $\dfrac{1}{□}$, □은 10의 $\dfrac{3}{5}$입니다.

(2) 2는 $□$의 $\dfrac{1}{3}$, 5는 6의 $\dfrac{5}{□}$입니다.

(3) 6은 9의 $\dfrac{□}{3}$, 4는 9의 $\dfrac{4}{□}$입니다.

(4) □는 10의 $\dfrac{1}{2}$, □은 10의 $\dfrac{4}{5}$입니다.

(5) 10은 16의 $\dfrac{5}{□}$, 6은 16의 $\dfrac{□}{8}$입니다.

(6) 8은 24의 $\dfrac{2}{□}$, □은 24의 $\dfrac{7}{8}$입니다.

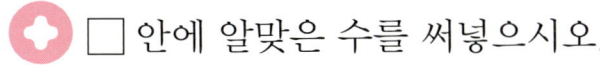 □ 안에 알맞은 수를 써넣으시오.

(7) 4는 □의 $\dfrac{1}{2}$, 6은 □의 $\dfrac{3}{4}$입니다.

(8) □은 12의 $\dfrac{5}{6}$, □은 12의 $\dfrac{2}{3}$입니다.

(9) 5는 15의 $\dfrac{1}{\square}$, 9는 15의 $\dfrac{3}{\square}$입니다.

(10) 12는 20의 $\dfrac{\square}{5}$, 18은 20의 $\dfrac{\square}{10}$입니다.

(11) □는 18의 $\dfrac{5}{6}$, □은 18의 $\dfrac{3}{9}$입니다.

(12) 10은 □의 $\dfrac{5}{13}$, 18은 □의 $\dfrac{9}{13}$입니다.

분수의 이해 2

차시	단계	공부한 날	잘 했나요?
13차시		월 일	☺ ☺ 😐 😣
14차시		월 일	☺ ☺ 😐 😣
15차시		월 일	☺ ☺ 😐 😣
16차시		월 일	☺ ☺ 😐 😣
17차시	1단계	월 일	☺ ☺ 😐 😣
18차시		월 일	☺ ☺ 😐 😣
19차시		월 일	☺ ☺ 😐 😣
20차시		월 일	☺ ☺ 😐 😣
21차시	2단계	월 일	☺ ☺ 😐 😣
22차시		월 일	☺ ☺ 😐 😣
23차시	3단계	월 일	☺ ☺ 😐 😣
24차시		월 일	☺ ☺ 😐 😣

틀린 개수가

0~1개이면 ☺ (아주 잘함)에, 2~3개이면 ☺ (잘함)에,

4~5개이면 😐 (보통)에, 6개 이상이면 😣 (노력 바람)에 색칠해 주세요.

만화로 개념 알아보기

2주

학습목표 진분수, 가분수, 대분수를 이해하고, 대분수를 가분수로, 가분수를 대분수로 나타낼 수 있습니다.

이번 주에 우리 무슨 연극을 하는지 알어?

몰라~ 어떤 배역이 좋은데?

난 여자니까 예쁜 공주님 배역이 좋겠어~

호호

난 검을 잘 쓰는 멋진 기사!

헤헤

난 똑똑한 박사~

여기 배역이 나와 있으니 같이 보자.

요구...

내가 맡은 배역은 진분수야~

난 가분수 역할이야.

난 대분수!

① 피자 2조각은 $\frac{2}{8}$판이므로 피자 1판과 2조각은 $1+\frac{2}{8}$이며 $1\frac{2}{8}$라고 나타낼 수 있습니다.

$$1+\frac{2}{8}=1\frac{2}{8}$$

$1\frac{2}{8}$와 같은 분수를 대분수라고 합니다.

② 피자 1조각은 $\frac{1}{8}$판이므로 남은 피자는 $\frac{1}{8}$판씩 9조각 있으므로

$\frac{9}{8}$라고 나타낼 수 있습니다.

$$\frac{9}{8}$$

$\frac{9}{8}$와 같은 분수를 가분수라고 합니다.

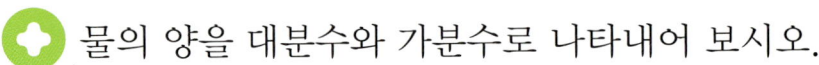 물의 양을 대분수와 가분수로 나타내어 보시오.

(1)

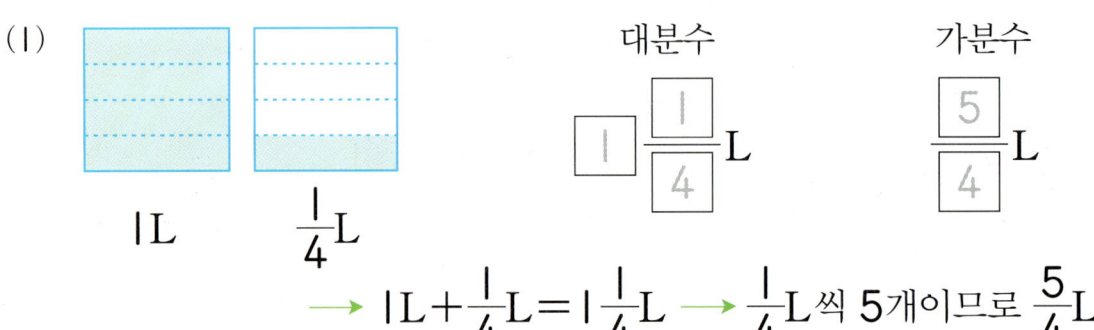

(2)

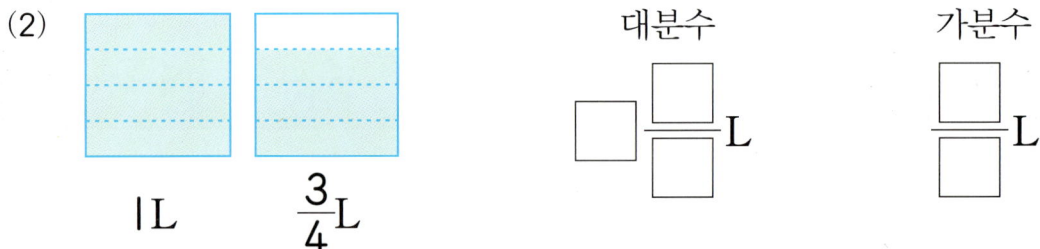

(3)

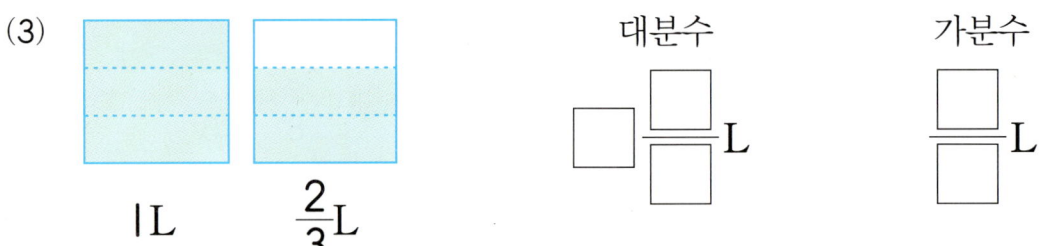

(4)

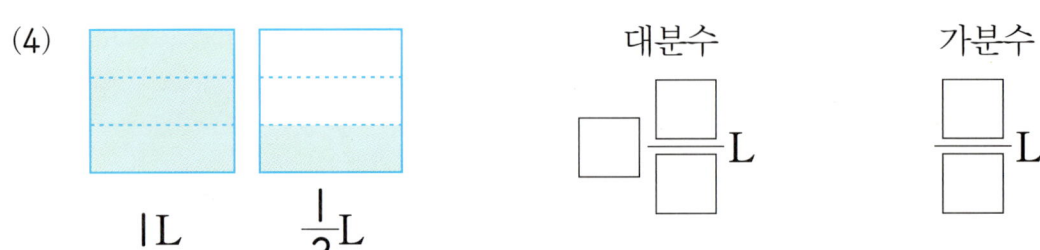

 진분수 : 분자가 분모보다 작은 분수
가분수 : 분자가 분모와 같거나 분모보다 큰 분수
대분수 : 자연수와 진분수로 이루어진 분수

색 테이프의 길이를 대분수와 가분수로 나타내어 보시오.

(5)
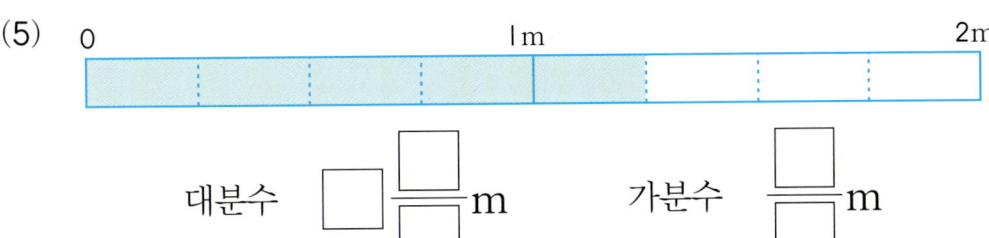

대분수 □□/□ m   가분수 □/□ m

(6)
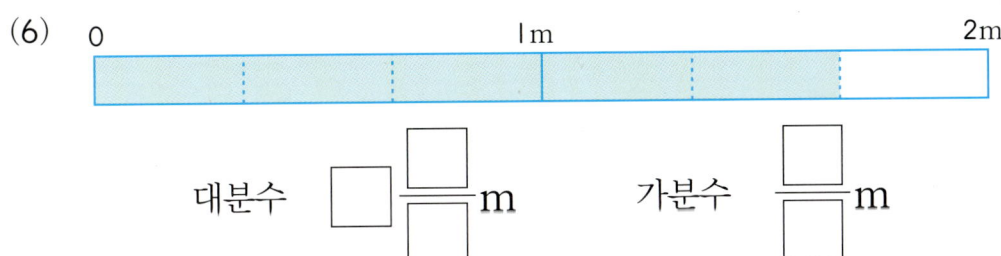

대분수 □□/□ m   가분수 □/□ m

(7)
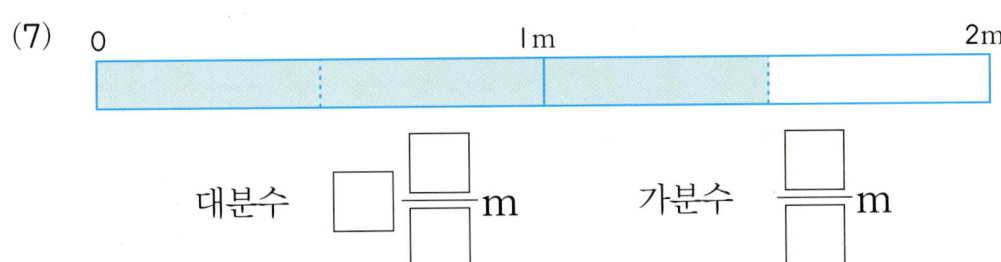

대분수 □□/□ m   가분수 □/□ m

(8)
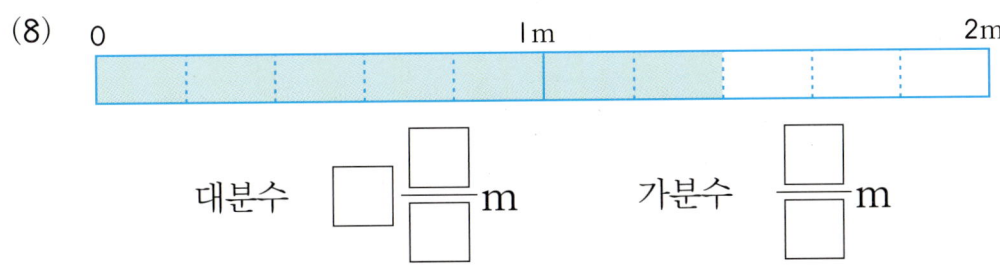

대분수 □□/□ m   가분수 □/□ m

(9)
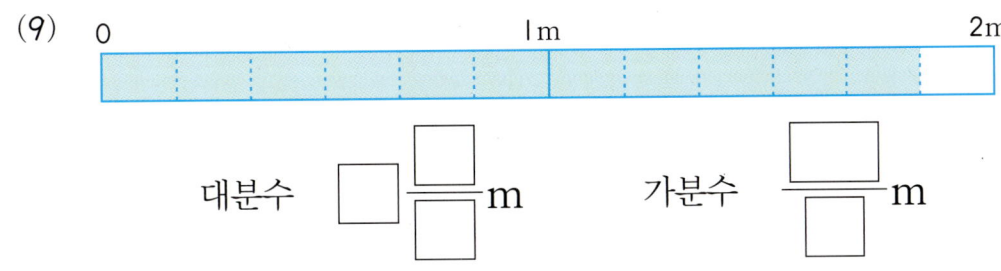

대분수 □□/□ m   가분수 □/□ m

✿ 색칠한 부분을 대분수와 가분수로 나타내어 보시오.

(1)

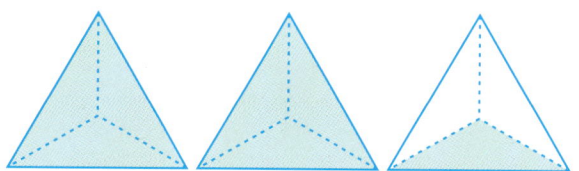

대분수	가분수
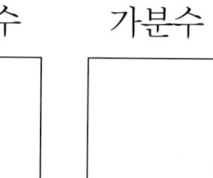	

(2)

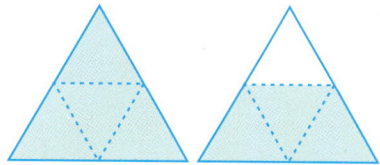

(3)

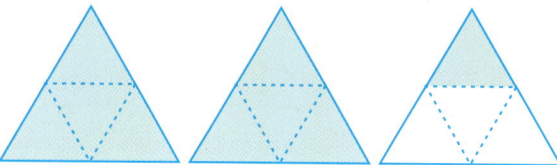

(4)

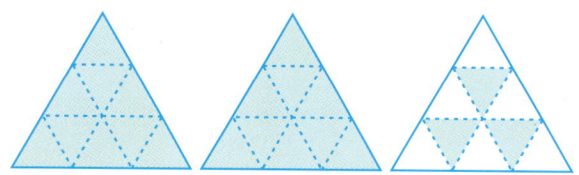

(5)

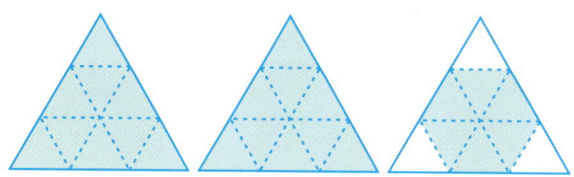

✚ 색칠한 부분을 대분수와 가분수로 나타내어 보시오.

2주

(6)   대분수   가분수

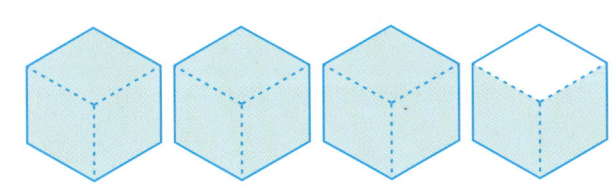

(7)

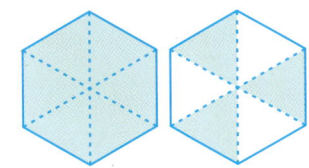

(8)

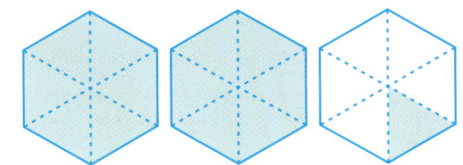

(9)

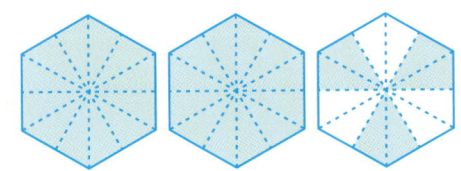

(10)

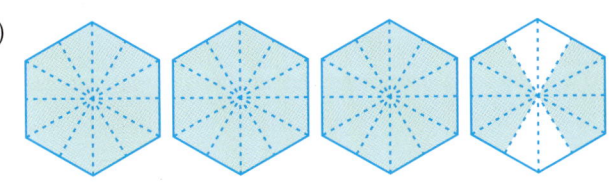

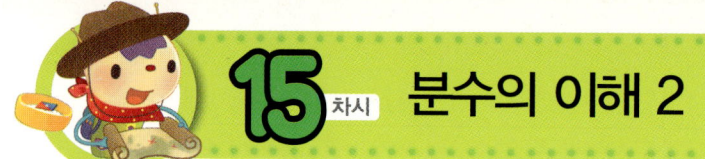
✿ 대분수를 다음과 같이 가분수로 나타내어 보시오.

$$2\frac{3}{4} = \frac{2\times4+3}{4} = \frac{11}{4}$$

← 가분수의 분자는 (자연수)×(분모)+(분자)가 됩니다.
← 가분수의 분모는 그대로 써 줍니다.

(1) $5\frac{2}{3} = \frac{5\times\boxed{}+\boxed{}}{3} = \frac{\boxed{}}{3}$

(2) $7\frac{6}{7} = \frac{7\times\boxed{}+\boxed{}}{7} = \frac{\boxed{}}{7}$

(3) $3\frac{1}{2} = \frac{3\times\boxed{}+\boxed{}}{2} = \frac{\boxed{}}{2}$

(4) $7\frac{2}{4} = \frac{7\times\boxed{}+\boxed{}}{4} = \frac{\boxed{}}{4}$

(5) $1\frac{4}{6} = \frac{1\times\boxed{}+\boxed{}}{6} = \frac{\boxed{}}{6}$

(6) $8\frac{2}{5} = \frac{8\times\boxed{}+\boxed{}}{5} = \frac{\boxed{}}{5}$

 꼭꼭 $2\frac{3}{4}$은 $\frac{1}{4}$이 2×4+3=11 (개) 있으므로 $\frac{11}{4}$입니다.

● 대분수를 가분수로 나타내어 보시오.

(7) $1\dfrac{2}{3} = \dfrac{\square}{3}$

(8) $6\dfrac{2}{10} = \dfrac{\square}{10}$

(9) $7\dfrac{3}{4} =$

(10) $2\dfrac{4}{5} =$

(11) $6\dfrac{4}{12} =$

(12) $1\dfrac{5}{11} =$

(13) $6\dfrac{4}{5} =$

(14) $8\dfrac{7}{8} =$

(15) $3\dfrac{2}{9} =$

(16) $5\dfrac{1}{2} =$

(17) $3\dfrac{5}{6} =$

(18) $4\dfrac{6}{7} =$

✚ 대분수를 가분수로 나타내어 보시오.

(1) $2\dfrac{1}{2} =$

(2) $6\dfrac{5}{8} =$

(3) $3\dfrac{8}{9} =$

(4) $1\dfrac{2}{8} =$

(5) $6\dfrac{8}{12} =$

(6) $8\dfrac{2}{3} =$

(7) $4\dfrac{3}{4} =$

(8) $6\dfrac{6}{10} =$

(9) $7\dfrac{4}{7} =$

(10) $1\dfrac{9}{11} =$

(11) $5\dfrac{4}{5} =$

(12) $7\dfrac{4}{6} =$

➕ 대분수를 가분수로 나타내어 보시오.

(13) $4\dfrac{1}{3} =$

(14) $6\dfrac{2}{4} =$

(15) $8\dfrac{3}{8} =$

(16) $1\dfrac{6}{7} =$

(17) $8\dfrac{5}{6} =$

(18) $8\dfrac{9}{10} =$

(19) $5\dfrac{10}{12} =$

(20) $2\dfrac{4}{5} =$

(21) $8\dfrac{1}{2} =$

(22) $5\dfrac{3}{5} =$

(23) $8\dfrac{6}{11} =$

(24) $1\dfrac{7}{9} =$

17차시 분수의 이해 2

1단계

➕ 가분수를 다음과 같이 대분수로 나타내어 보시오.

$$\frac{25}{4} \rightarrow 25 \div 4 = 6 \cdots 1 \rightarrow 6\frac{1}{4}$$

(1) $\frac{11}{3} \rightarrow 11 \div 3 = \square \cdots \square \rightarrow \square\dfrac{\square}{3}$

(2) $\frac{18}{5} \rightarrow 18 \div 5 = \square \cdots \square \rightarrow \square\dfrac{\square}{5}$

(3) $\frac{3}{2} \rightarrow 3 \div 2 = \square \cdots \square \rightarrow \square\dfrac{\square}{2}$

(4) $\frac{46}{7} \rightarrow 46 \div 7 = \square \cdots \square \rightarrow \square\dfrac{\square}{\square}$

(5) $\frac{22}{4} \rightarrow 22 \div 4 = \square \cdots \square \rightarrow \square\dfrac{\square}{\square}$

(6) $\frac{53}{6} \rightarrow 53 \div 6 = \square \cdots \square \rightarrow \square\dfrac{\square}{\square}$

> **꼭꼭** 분자를 분모로 나누어서 몫을 대분수의 자연수 부분에 쓰고, 나머지를 분자에 씁니다.
> 분모는 가분수의 분모를 그대로 씁니다.

➕ 가분수를 대분수로 나타내어 보시오.

(7) $\dfrac{26}{6} = \square\dfrac{\square}{6}$

(8) $\dfrac{21}{5} = \square\dfrac{\square}{5}$

(9) $\dfrac{5}{4} =$

(10) $\dfrac{8}{7} =$

(11) $\dfrac{23}{4} =$

(12) $\dfrac{14}{3} =$

(13) $\dfrac{69}{8} =$

(14) $\dfrac{39}{6} =$

(15) $\dfrac{15}{2} =$

(16) $\dfrac{15}{8} =$

(17) $\dfrac{44}{5} =$

(18) $\dfrac{39}{7} =$

18 차시 **분수의 이해 2**

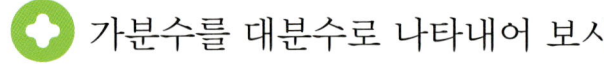 가분수를 대분수로 나타내어 보시오.

(1) $\dfrac{22}{3} =$

(2) $\dfrac{34}{4} =$

(3) $\dfrac{35}{8} =$

(4) $\dfrac{37}{7} =$

(5) $\dfrac{8}{3} =$

(6) $\dfrac{9}{5} =$

(7) $\dfrac{51}{7} =$

(8) $\dfrac{45}{8} =$

(9) $\dfrac{13}{6} =$

(10) $\dfrac{9}{2} =$

(11) $\dfrac{14}{4} =$

(12) $\dfrac{45}{6} =$

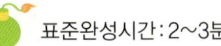

표준완성시간 : 2~3분

공부한 날 ◯ 월 ◯ 일

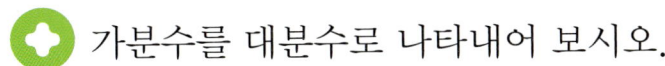

✚ 가분수를 대분수로 나타내어 보시오.

(13) $\dfrac{50}{6} =$

(14) $\dfrac{13}{4} =$

(15) $\dfrac{20}{3} =$

(16) $\dfrac{39}{5} =$

(17) $\dfrac{61}{7} =$

(18) $\dfrac{20}{7} =$

(19) $\dfrac{26}{8} =$

(20) $\dfrac{43}{6} =$

(21) $\dfrac{15}{4} =$

(22) $\dfrac{32}{5} =$

(23) $\dfrac{30}{7} =$

(24) $\dfrac{13}{2} =$

➕ 대분수는 가분수로, 가분수는 대분수로 나타내어 보시오.

$$4\frac{2}{5} = \frac{4 \times 5 + 2}{5} = \frac{22}{5}$$

$$\frac{22}{5} \longrightarrow 22 \div 5 = 4 \cdots 2 \longrightarrow 4\frac{2}{5}$$

(1) $6\frac{5}{7} = \frac{6 \times 7 + 5}{7} = \frac{47}{7}$

(2) $\frac{25}{8} \longrightarrow 25 \div 8 = 3 \cdots 1 \longrightarrow 3\frac{1}{8}$

(3) $7\frac{1}{5} =$

(4) $\frac{33}{6} =$

(5) $6\frac{1}{4} =$

(6) $\frac{30}{8} =$

(7) $6\frac{5}{9} =$

(8) $\frac{27}{5} =$

 꼭꼭 대분수를 가분수로 나타낼 때 가분수의 분자는 (자연수)×(분모)+(분자)가 되고, 분모는 그대로 써줍니다. 가분수를 대분수로 나타낼 때 가분수의 분자를 분모로 나누어서 몫을 대분수의 자연수 부분에 쓰고, 나머지를 분자에 씁니다.

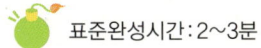
✚ 대분수는 가분수로, 가분수는 대분수로 나타내어 보시오.

(9) $8\dfrac{4}{9} =$

(10) $\dfrac{35}{8} =$

(11) $\dfrac{34}{6} =$

(12) $3\dfrac{1}{3} =$

(13) $\dfrac{21}{5} =$

(14) $3\dfrac{3}{7} =$

(15) $4\dfrac{1}{7} =$

(16) $\dfrac{10}{4} =$

(17) $\dfrac{33}{5} =$

(18) $5\dfrac{4}{8} =$

(19) $\dfrac{80}{9} =$

(20) $2\dfrac{7}{9} =$

 대분수는 가분수로, 가분수는 대분수로 나타내어 보시오.

(1) $5\dfrac{1}{3} =$

(2) $\dfrac{60}{9} =$

(3) $4\dfrac{4}{7} =$

(4) $\dfrac{52}{8} =$

(5) $\dfrac{43}{7} =$

(6) $7\dfrac{2}{6} =$

(7) $\dfrac{24}{5} =$

(8) $2\dfrac{3}{6} =$

(9) $8\dfrac{1}{5} =$

(10) $\dfrac{39}{9} =$

(11) $\dfrac{11}{8} =$

(12) $7\dfrac{2}{4} =$

 대분수는 가분수로, 가분수는 대분수로 나타내어 보시오.

(13) $5\dfrac{2}{7} =$

(14) $\dfrac{43}{8} =$

(15) $\dfrac{70}{8} =$

(16) $8\dfrac{1}{4} =$

(17) $3\dfrac{4}{6} =$

(18) $\dfrac{27}{4} =$

(19) $\dfrac{38}{5} =$

(20) $3\dfrac{2}{5} =$

(21) $6\dfrac{1}{3} =$

(22) $\dfrac{50}{7} =$

(23) $\dfrac{35}{9} =$

(24) $5\dfrac{2}{9} =$

 대분수는 가분수로, 가분수는 대분수로 나타내어 보시오.

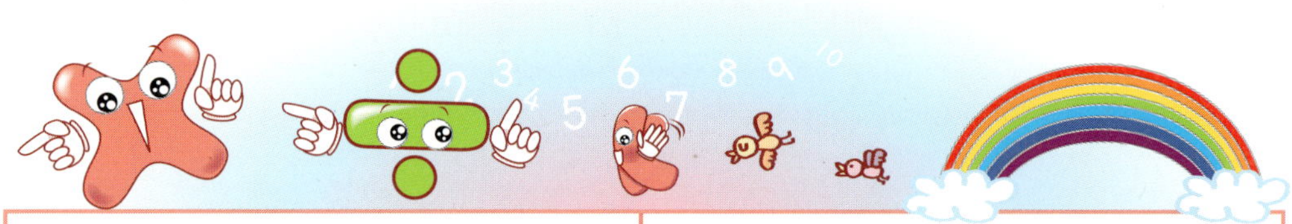

$7\dfrac{2}{3} =$	$\dfrac{18}{4} =$
$4\dfrac{3}{6} =$	$\dfrac{59}{7} =$
$8\dfrac{6}{9} =$	$\dfrac{17}{9} =$
$8\dfrac{4}{7} =$	$\dfrac{40}{6} =$
$5\dfrac{1}{4} =$	$\dfrac{19}{5} =$
$6\dfrac{1}{5} =$	$\dfrac{45}{7} =$

 대분수를 가분수로 나타낼 때 가분수의 분자는 (자연수)×(분모)+(분자)가 되고, 분모는 그대로 써 줍니다. 가분수를 대분수로 나타낼 때 가분수의 분자를 분모로 나누어서 몫을 대분수의 자연수 부분에 쓰고, 나머지를 분자에 씁니다.

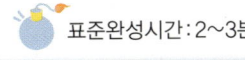

대분수는 가분수로, 가분수는 대분수로 나타내어 보시오.

$1\dfrac{1}{3} =$	$\dfrac{63}{8} =$
$1\dfrac{3}{4} =$	$\dfrac{16}{7} =$
$3\dfrac{2}{6} =$	$\dfrac{12}{5} =$
$2\dfrac{3}{5} =$	$\dfrac{20}{9} =$
$2\dfrac{4}{7} =$	$\dfrac{49}{9} =$
$2\dfrac{6}{8} =$	$\dfrac{8}{6} =$
$4\dfrac{7}{9} =$	$\dfrac{29}{4} =$

➕ 대분수는 가분수로, 가분수는 대분수로 나타내어 보시오.

$6\dfrac{1}{9} =$	$\dfrac{20}{8} =$
$5\dfrac{6}{8} =$	$\dfrac{9}{8} =$
$1\dfrac{2}{4} =$	$\dfrac{28}{6} =$
$3\dfrac{3}{6} =$	$\dfrac{25}{3} =$
$2\dfrac{1}{3} =$	$\dfrac{12}{9} =$
$8\dfrac{2}{7} =$	$\dfrac{47}{7} =$
$8\dfrac{2}{9} =$	$\dfrac{28}{9} =$

대분수는 가분수로, 가분수는 대분수로 나타내어 보시오.

$5\dfrac{1}{6} =$	$\dfrac{77}{9} =$
$3\dfrac{6}{9} =$	$\dfrac{32}{6} =$
$5\dfrac{5}{6} =$	$\dfrac{31}{9} =$
$8\dfrac{3}{4} =$	$\dfrac{22}{7} =$
$8\dfrac{2}{8} =$	$\dfrac{17}{4} =$
$3\dfrac{6}{7} =$	$\dfrac{17}{7} =$
$7\dfrac{7}{9} =$	$\dfrac{49}{8} =$

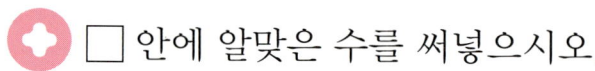

✚ □ 안에 알맞은 수를 써넣으시오.

(1) $7\dfrac{2}{\square} = \dfrac{37}{\square}$　　대분수를 가분수로 나타낼 때 가분수의 분자는 (자연수)×(분모)+(분자)가 됩니다.

$7 \times 4 + 2 = 30$
$7 \times 5 + 2 = 37$
$7 \times 6 + 2 = 44$

(2) $1\dfrac{2}{\square} = \dfrac{9}{\square}$

(3) $\dfrac{11}{\square} = 1\dfrac{5}{\square}$

(4) $4\dfrac{2}{\square} = \dfrac{38}{\square}$

(5) $\dfrac{55}{\square} = 6\dfrac{7}{\square}$

(6) $7\dfrac{4}{\square} = \dfrac{60}{\square}$

(7) $\dfrac{26}{\square} = 5\dfrac{1}{\square}$

(8) $2\dfrac{1}{\square} = \dfrac{17}{\square}$

(9) $\dfrac{65}{\square} = 7\dfrac{2}{\square}$

(10) $3\dfrac{1}{\square} = \dfrac{19}{\square}$

(11) $\dfrac{41}{\square} = 5\dfrac{6}{\square}$

 꼭꼭 대분수와 가분수는 서로 같은 수를 분수의 모양만 다르게 나타낸 것입니다.
따라서 대분수를 가분수로 나타내거나 가분수를 대분수로 나타내는 활동은 분수의 계산에 반드시 필요한 학습입니다.

✿ □ 안에 알맞은 수를 써넣으시오.

(12) $\dfrac{7}{\square} = 1\dfrac{2}{\square}$

(13) $5\dfrac{\square}{\square} = \dfrac{48}{\square}$

(14) $2\dfrac{7}{\square} = \dfrac{23}{\square}$

(15) $\dfrac{19}{\square} = 4\dfrac{\square}{\square}$

(16) $4\dfrac{\square}{\square} = \dfrac{23}{\square}$

(17) $\dfrac{37}{\square} = 6\dfrac{\square}{\square}$

(18) $4\dfrac{5}{\square} = \dfrac{41}{\square}$

(19) $\dfrac{23}{\square} = 3\dfrac{2}{\square}$

(20) $8\dfrac{\square}{\square} = \dfrac{49}{\square}$

(21) $\dfrac{21}{\square} = 2\dfrac{5}{\square}$

(22) $5\dfrac{\square}{\square} = \dfrac{42}{\square}$

(23) $\dfrac{71}{\square} = 7\dfrac{8}{\square}$

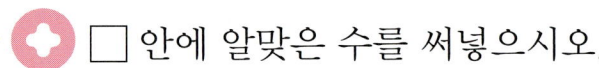 □ 안에 알맞은 수를 써넣으시오.

(1) $1\dfrac{1}{\square} = \dfrac{6}{\square}$

(2) $\dfrac{14}{\square} = 1\dfrac{6}{\square}$

(3) $2\dfrac{4}{\square} = \dfrac{22}{\square}$

(4) $\dfrac{53}{\square} = 5\dfrac{8}{\square}$

(5) $6\dfrac{\square}{\square} = \dfrac{38}{\square}$

(6) $\dfrac{10}{\square} = 1\dfrac{3}{\square}$

(7) $8\dfrac{\square}{\square} = \dfrac{68}{\square}$

(8) $\dfrac{57}{\square} = 8\dfrac{\square}{\square}$

(9) $2\dfrac{5}{\square} = \dfrac{17}{\square}$

(10) $\dfrac{23}{\square} = 2\dfrac{5}{\square}$

(11) $4\dfrac{\square}{\square} = \dfrac{32}{\square}$

(12) $\dfrac{25}{\square} = 4\dfrac{\square}{\square}$

□ 안에 알맞은 수를 써넣으시오.

(13) $2\dfrac{2}{\boxed{}} = \dfrac{14}{\boxed{}}$

(14) $\dfrac{13}{\boxed{}} = 1\dfrac{6}{\boxed{}}$

(15) $3\dfrac{5}{\boxed{}} = \dfrac{26}{\boxed{}}$

(16) $\dfrac{43}{\boxed{}} = 8\dfrac{\boxed{}}{\boxed{}}$

(17) $6\dfrac{\boxed{}}{\boxed{}} = \dfrac{60}{\boxed{}}$

(18) $\dfrac{21}{\boxed{}} = 2\dfrac{3}{\boxed{}}$

(19) $4\dfrac{\boxed{}}{\boxed{}} = \dfrac{35}{\boxed{}}$

(20) $\dfrac{36}{\boxed{}} = 7\dfrac{\boxed{}}{\boxed{}}$

(21) $7\dfrac{\boxed{}}{\boxed{}} = \dfrac{62}{\boxed{}}$

(22) $\dfrac{51}{\boxed{}} = 5\dfrac{6}{\boxed{}}$

(23) $3\dfrac{\boxed{}}{\boxed{}} = \dfrac{18}{\boxed{}}$

(24) $\dfrac{51}{\boxed{}} = 6\dfrac{\boxed{}}{\boxed{}}$

2_주

분수의 이해 3

학습 체크표 매일 학습이 끝나면 채점을 하고 체크표를 작성하여 나의 실력을 알아보세요.

차시	단계	공부한 날	잘 했나요?
25차시		월 일	😊 🙂 😑 😣
26차시		월 일	😊 🙂 😑 😣
27차시		월 일	😊 🙂 😑 😣
28차시	1단계	월 일	😊 🙂 😑 😣
29차시		월 일	😊 🙂 😑 😣
30차시		월 일	😊 🙂 😑 😣
31차시		월 일	😊 🙂 😑 😣
32차시		월 일	😊 🙂 😑 😣
33차시	2단계	월 일	😊 🙂 😑 😣
34차시		월 일	😊 🙂 😑 😣
35차시	3단계	월 일	😊 🙂 😑 😣
36차시		월 일	😊 🙂 😑 😣

틀린 개수가

0~1개이면 😊 (아주 잘함)에, 2~3개이면 🙂 (잘함)에,

4~5개이면 😑 (보통)에, 6개 이상이면 😣 (노력 바람)에 색칠해 주세요.

만화로 개념 알아보기

학습목표 (자연수)÷(자연수)를 분수로 나타내어 보고, 자연수를 크기가 같은 분수로 나타내어 봅니다. 또한, 분모가 같은 분수의 크기를 비교할 수 있습니다.

여기 상자가 쌓여 있으니까 불편하네~

끄응

3 주

보기에도 안 좋은데…… 혼자 치우기에는 너무 많다.

뭐해?

앗!

어디가?

소미가 색 테이프 남았대서 가져가려고~ 너도 가자.

좋아! 근데 이거 먼저 치우고 가자~

상자가 많네~

와아

넌 12분의 7 가져가고~

넌 12분의 4 가져가~

내가 더 많잖아~!

아니야~ 내가 더 많아!

후후

너희들…… 뭐가 많은 건지 잘 모르는구나?

이 상자를 잘 봐~

12분의 7은 전체 상자 12개 중 7개를 말하는 거야~

12분의 4는

전체 상자 12개 중 4개를 말하는 거지~

내가 더 많잖아!

넌 힘이 쎄니까 더 많은 걸 들어!

크크

난 12분의 1만 들고 가야지~

으앙

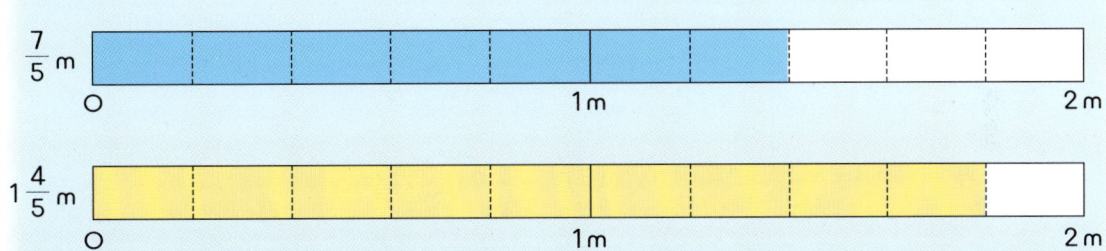

① 그림으로 살펴보면 $\dfrac{7}{5} < 1\dfrac{4}{5}$ 임을 알 수 있습니다.

② 가분수로 고쳐서 비교합니다.

$\dfrac{7}{5} < 1\dfrac{4}{5}\left(=\dfrac{9}{5}\right)$ ← 분모가 같은 두 가분수는 분자가 큰 분수가 더 큽니다.

③ 대분수로 고쳐서 비교합니다.

$\dfrac{7}{5}\left(=1\dfrac{2}{5}\right) < 1\dfrac{4}{5}$ ← 자연수와 분모가 같으므로 분자가 큰 분수가 더 큽니다.

➡ 노란색 테이프가 더 깁니다.

➕ □ 안에 알맞은 수를 써넣으시오.

(1) $\dfrac{1}{5}$이 4개이면 $\dfrac{\square}{5}$입니다. ⟵ 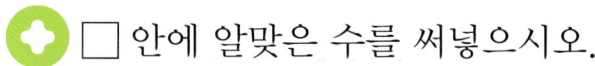 $\dfrac{1}{▲}$이 ★개이면 $\dfrac{★}{▲}$

(2) $\dfrac{1}{7}$이 5개이면 $\dfrac{\square}{7}$

(3) $\dfrac{1}{6}$이 3개이면 $\dfrac{\square}{6}$

(4) $\dfrac{1}{5}$이 3개이면 $\dfrac{\square}{5}$

(5) $\dfrac{1}{9}$이 7개이면 $\dfrac{\square}{9}$

(6) $\dfrac{1}{6}$이 4개이면 $\dfrac{\square}{6}$

(7) $\dfrac{1}{4}$이 3개이면 $\dfrac{\square}{4}$

(8) $\dfrac{1}{6}$이 5개이면 $\dfrac{\square}{6}$

(9) $\dfrac{1}{10}$이 8개이면 $\dfrac{\square}{10}$

(10) $\dfrac{1}{12}$이 9개이면 $\dfrac{\square}{12}$

(11) $\dfrac{1}{11}$이 6개이면 $\dfrac{\square}{11}$

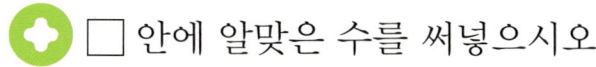 □ 안에 알맞은 수를 써넣으시오.

(12) $\dfrac{1}{3}$이 2개이면 $\dfrac{\square}{3}$

(13) $\dfrac{1}{8}$이 7개이면 $\dfrac{\square}{8}$

(14) $\dfrac{1}{9}$이 5개이면 $\dfrac{\square}{9}$

(15) $\dfrac{1}{5}$이 3개이면 $\dfrac{\square}{5}$

(16) $\dfrac{1}{6}$이 7개이면 $1\dfrac{\square}{6}$

(17) $\dfrac{1}{2}$이 7개이면 $3\dfrac{\square}{2}$

(18) $\dfrac{1}{8}$이 10개이면 $1\dfrac{\square}{8}$

(19) $\dfrac{1}{5}$이 12개이면 $2\dfrac{\square}{5}$

(20) $\dfrac{1}{2}$이 9개이면 $\square\dfrac{\square}{2}$

(21) $\dfrac{1}{8}$이 11개이면 $\square\dfrac{\square}{8}$

(22) $\dfrac{1}{12}$이 15개이면 $\square\dfrac{\square}{12}$

(23) $\dfrac{1}{16}$이 25개이면 $\square\dfrac{\square}{16}$

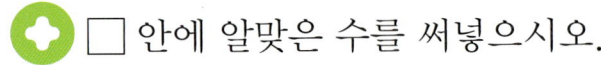 □ 안에 알맞은 수를 써넣으시오.

(1) $\dfrac{5}{8}$ 는 $\dfrac{1}{8}$ 이 □ 개입니다. ◀── ●/▲ 는 $\dfrac{1}{▲}$ 이 ● 개입니다.

(2) $\dfrac{5}{9}$ 는 $\dfrac{1}{9}$ 이 □ 개

(3) $\dfrac{8}{9}$ 은 $\dfrac{1}{9}$ 이 □ 개

(4) $\dfrac{3}{6}$ 은 $\dfrac{1}{6}$ 이 □ 개

(5) $\dfrac{4}{7}$ 는 $\dfrac{1}{7}$ 이 □ 개

(6) $\dfrac{6}{7}$ 은 $\dfrac{1}{7}$ 이 □ 개

(7) $\dfrac{2}{3}$ 는 $\dfrac{1}{3}$ 이 □ 개

(8) $\dfrac{2}{4}$ 는 $\dfrac{1}{4}$ 이 □ 개

(9) $\dfrac{9}{12}$ 는 $\dfrac{1}{12}$ 이 □ 개

(10) $\dfrac{8}{15}$ 은 $\dfrac{1}{15}$ 이 □ 개

(11) $\dfrac{7}{10}$ 은 $\dfrac{1}{10}$ 이 □ 개

✿ ☐ 안에 알맞은 수를 써넣으시오.

(12) $\dfrac{5}{6}$는 $\dfrac{1}{6}$이 ☐ 개

(13) $\dfrac{5}{7}$는 $\dfrac{1}{7}$이 ☐ 개

(14) $\dfrac{4}{7}$는 $\dfrac{1}{7}$이 ☐ 개

(15) $\dfrac{7}{8}$은 $\dfrac{1}{8}$이 ☐ 개

(16) $2\dfrac{2}{3}$는 $\dfrac{1}{3}$이 ☐ 개

(17) $1\dfrac{3}{5}$은 $\dfrac{1}{5}$이 ☐ 개

(18) $1\dfrac{3}{4}$은 $\dfrac{1}{4}$이 ☐ 개

(19) $2\dfrac{1}{4}$은 $\dfrac{1}{4}$이 ☐ 개

(20) $2\dfrac{4}{11}$는 $\dfrac{1}{11}$이 ☐ 개

(21) $3\dfrac{2}{10}$는 $\dfrac{1}{10}$이 ☐ 개

(22) $1\dfrac{9}{14}$는 $\dfrac{1}{14}$이 ☐ 개

(23) $1\dfrac{8}{15}$은 $\dfrac{1}{15}$이 ☐ 개

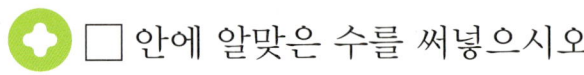

◆ □ 안에 알맞은 수를 써넣으시오.

(1) $3 \div 4 = \dfrac{\boxed{}}{4}$ ← 3을 똑같이 4로 나누면 $\frac{1}{4}$이 3개가 되므로 $\frac{3}{4}$입니다.

(2) $5 \div 9 = \dfrac{\boxed{}}{9}$

(3) $4 \div 7 = \dfrac{\boxed{}}{7}$

(4) $2 \div 6 = \dfrac{\boxed{}}{6}$

(5) $2 \div 5 = \dfrac{\boxed{}}{5}$

(6) $1 \div 2 = \dfrac{\boxed{}}{2}$

(7) $5 \div 8 = \dfrac{\boxed{}}{8}$

(8) $7 \div 10 = \dfrac{\boxed{}}{10}$

(9) $9 \div 12 = \dfrac{\boxed{}}{12}$

(10) $8 \div 14 = \dfrac{\boxed{}}{14}$

(11) $11 \div 15 = \dfrac{\boxed{}}{15}$

꼭꼭   ★과 ▲가 자연수일 때 ★ ÷ ▲ = $\dfrac{★}{▲}$

□ 안에 알맞은 수를 써넣으시오.

(12) $3 \div 8 = \dfrac{\boxed{}}{8}$

(13) $2 \div 3 = \dfrac{\boxed{}}{3}$

(14) $9 \div 4 = 2\dfrac{\boxed{}}{4}$

(15) $9 \div 8 = 1\dfrac{\boxed{}}{8}$

(16) $11 \div 6 = 1\dfrac{\boxed{}}{6}$

(17) $16 \div 7 = 2\dfrac{\boxed{}}{7}$

(18) $5 \div 2 = \boxed{}\dfrac{\boxed{}}{2}$

(19) $13 \div 9 = \boxed{}\dfrac{\boxed{}}{9}$

(20) $16 \div 5 = \boxed{}\dfrac{\boxed{}}{5}$

(21) $23 \div 4 = \boxed{}\dfrac{\boxed{}}{4}$

(22) $25 \div 12 = \boxed{}\dfrac{\boxed{}}{12}$

(23) $45 \div 14 = \boxed{}\dfrac{\boxed{}}{14}$

➕ □ 안에 알맞은 수를 써넣으시오.

(1) $1 = \dfrac{\square}{2}$ ← 1과 크기가 같은 분수는 분자와 분모의 숫자가 같습니다.

(2) $1 = \dfrac{\square}{7}$

(3) $\dfrac{3}{3} = \square$

(4) $1 = \dfrac{\square}{5}$

(5) $\dfrac{9}{9} = \square$

(6) $2 = \dfrac{\square}{2}$ □=2×2

(7) $\dfrac{9}{3} = \square$ □=9÷3

(8) $3 = \dfrac{\square}{4}$ □=3×4

(9) $\dfrac{14}{7} = \square$ □=14÷7

(10) $4 = \dfrac{\square}{6}$

(11) $\dfrac{32}{8} = \square$

(12) $1 = \dfrac{\square}{4}$

(13) $\dfrac{6}{3} = \square$

 □ 안에 알맞은 수를 써넣으시오.

(14) $1 = \dfrac{\square}{3}$

(15) $\dfrac{7}{7} = \square$

(16) $1 = \dfrac{\square}{8}$

(17) $\dfrac{10}{5} = \square$

(18) $4 = \dfrac{\square}{4}$

(19) $\dfrac{8}{2} = \square$

(20) $3 = \dfrac{\square}{6}$

(21) $\dfrac{36}{9} = \square$

(22) $2 = \dfrac{\square}{13}$

(23) $\dfrac{11}{11} = \square$

(24) $5 = \dfrac{\square}{17}$

(25) $\dfrac{60}{20} = \square$

(26) $3 = \dfrac{\square}{14}$

(27) $\dfrac{54}{18} = \square$

➕ 크기를 비교하여 ◯ 안에 >, =, <를 알맞게 써넣으시오.

(1) $\dfrac{1}{3}$ ◁ $\dfrac{2}{3}$ ← 분모가 같으므로 분자의 크기를 비교합니다.

(2) $\dfrac{4}{5}$ ◯ $\dfrac{3}{5}$

(3) $\dfrac{5}{8}$ ◯ $\dfrac{4}{8}$

(4) $\dfrac{6}{9}$ ◯ $\dfrac{8}{9}$

(5) $\dfrac{3}{6}$ ◯ $\dfrac{2}{6}$

(6) $\dfrac{5}{7}$ ◯ $\dfrac{4}{7}$

(7) $\dfrac{1}{4}$ ◯ $\dfrac{3}{4}$

(8) $\dfrac{9}{10}$ ◯ $\dfrac{8}{10}$

(9) $\dfrac{9}{14}$ ◯ $\dfrac{11}{14}$

(10) $\dfrac{6}{4}$ ◯ $\dfrac{7}{4}$

(11) $\dfrac{13}{11}$ ◯ $\dfrac{12}{11}$

꼭꼭 분모가 같은 진분수 또는 가분수는 분자가 큰 분수가 큽니다.

✿ 크기를 비교하여 ◯ 안에 >, =, <를 알맞게 써넣으시오.

(12) $\dfrac{3}{5}$ ◯ $\dfrac{2}{5}$

(13) $\dfrac{6}{7}$ ◯ $\dfrac{3}{7}$

(14) $\dfrac{4}{8}$ ◯ $\dfrac{3}{8}$

(15) $\dfrac{5}{9}$ ◯ $\dfrac{7}{9}$

(16) $\dfrac{11}{6}$ ◯ $\dfrac{8}{6}$

(17) $\dfrac{7}{4}$ ◯ $\dfrac{9}{4}$

(18) $\dfrac{9}{7}$ ◯ $\dfrac{10}{7}$

(19) $\dfrac{7}{2}$ ◯ $\dfrac{5}{2}$

(20) $\dfrac{7}{11}$ ◯ $\dfrac{9}{11}$

(21) $\dfrac{12}{14}$ ◯ $\dfrac{13}{14}$

(22) $\dfrac{20}{15}$ ◯ $\dfrac{18}{15}$

(23) $\dfrac{10}{12}$ ◯ $\dfrac{16}{12}$

➕ 크기를 비교하여 ◯ 안에 >, =, <를 알맞게 써넣으시오.

(1) $2\dfrac{6}{7}$ ◯ $2\dfrac{4}{7}$ ← 자연수 부분과 분모가 같으므로 분자의 크기를 비교합니다.

(2) $1\dfrac{3}{5}$ ◯ $1\dfrac{2}{5}$

(3) $3\dfrac{1}{8}$ ◯ $3\dfrac{4}{8}$

(4) $2\dfrac{5}{6}$ ◯ $2\dfrac{4}{6}$

(5) $1\dfrac{2}{3}$ ◯ $2\dfrac{1}{3}$

(6) $5\dfrac{7}{9}$ ◯ $5\dfrac{5}{9}$

(7) $4\dfrac{1}{2}$ ◯ $3\dfrac{1}{2}$

(8) $6\dfrac{6}{12}$ ◯ $6\dfrac{8}{12}$

(9) $3\dfrac{11}{15}$ ◯ $3\dfrac{13}{15}$

(10) $6\dfrac{12}{13}$ ◯ $8\dfrac{5}{13}$

(11) $4\dfrac{9}{10}$ ◯ $4\dfrac{7}{10}$

 꼭꼭 　자연수 부분과 분모가 같은 대분수는 분자가 큰 분수가 크고, 분모가 같고 자연수 부분이 다른 대분
수는 자연수 부분이 큰 분수가 큽니다.

✚ 크기를 비교하여 ○ 안에 >, =, <를 알맞게 써넣으시오.

(12) $3\dfrac{2}{6}$ ○ $3\dfrac{3}{6}$

(13) $5\dfrac{5}{8}$ ○ $6\dfrac{1}{8}$

(14) $2\dfrac{4}{5}$ ○ $2\dfrac{2}{5}$

(15) $1\dfrac{3}{9}$ ○ $1\dfrac{8}{9}$

(16) $8\dfrac{2}{7}$ ○ $8\dfrac{4}{7}$

(17) $4\dfrac{1}{4}$ ○ $3\dfrac{3}{4}$

(18) $7\dfrac{13}{17}$ ○ $7\dfrac{11}{17}$

(19) $3\dfrac{15}{19}$ ○ $3\dfrac{17}{19}$

(20) $8\dfrac{9}{13}$ ○ $9\dfrac{6}{13}$

(21) $4\dfrac{8}{16}$ ○ $4\dfrac{13}{16}$

(22) $5\dfrac{18}{21}$ ○ $5\dfrac{20}{21}$

(23) $6\dfrac{8}{24}$ ○ $6\dfrac{7}{24}$

31 차시 분수의 이해 3

➕ 크기를 비교하여 ◯ 안에 >, =, <를 알맞게 써넣으시오.

(1) $\dfrac{9}{4}$ ◯ $1\dfrac{3}{4}$ ⇨ $2\dfrac{1}{4}$ ◯ $1\dfrac{3}{4}$

대분수로 고쳐서 비교합니다.

(2) $\dfrac{8}{5}$ ◯ $1\dfrac{4}{5}$ ⇨ $\dfrac{8}{5}$ ◯ $\dfrac{9}{5}$

가분수로 고쳐서 비교합니다.

(3) $\dfrac{12}{9}$ ◯ $1\dfrac{4}{9}$ (4) $2\dfrac{1}{2}$ ◯ $\dfrac{7}{2}$

(5) $\dfrac{17}{6}$ ◯ $2\dfrac{3}{6}$ (6) $3\dfrac{5}{7}$ ◯ $\dfrac{24}{7}$

(7) $\dfrac{15}{10}$ ◯ $1\dfrac{8}{10}$ (8) $2\dfrac{6}{12}$ ◯ $\dfrac{30}{12}$

꼭꼭 분모가 같은 가분수와 대분수의 크기를 비교할 때는 가분수를 대분수로 고치거나, 대분수를 가분수로 고쳐서 비교합니다.

크기를 비교하여 ◯ 안에 >, =, <를 알맞게 써넣으시오.

(9) $1\dfrac{2}{3}$ ◯ $\dfrac{7}{3}$

(10) $\dfrac{8}{5}$ ◯ $1\dfrac{3}{5}$

(11) $\dfrac{20}{8}$ ◯ $2\dfrac{5}{8}$

(12) $2\dfrac{2}{4}$ ◯ $\dfrac{11}{4}$

(13) $3\dfrac{4}{7}$ ◯ $\dfrac{25}{7}$

(14) $\dfrac{15}{6}$ ◯ $2\dfrac{4}{6}$

(15) $\dfrac{9}{5}$ ◯ $1\dfrac{3}{5}$

(16) $3\dfrac{5}{9}$ ◯ $\dfrac{30}{9}$

(17) $2\dfrac{7}{13}$ ◯ $\dfrac{31}{13}$

(18) $\dfrac{55}{16}$ ◯ $3\dfrac{8}{16}$

(19) $\dfrac{77}{21}$ ◯ $3\dfrac{12}{21}$

(20) $2\dfrac{15}{24}$ ◯ $\dfrac{67}{24}$

32차시 분수의 이해 3   **2**단계

◆ □ 안에 알맞은 수를 써넣으시오.

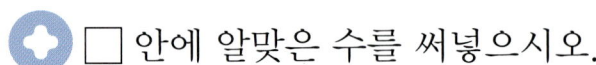

$\dfrac{1}{7}$의 7배는 $\dfrac{\square}{7}$	$\dfrac{4}{5}$는 $\dfrac{1}{5}$의 □배
$\dfrac{1}{8}$의 6배는 $\dfrac{\square}{8}$	$\dfrac{3}{4}$은 $\dfrac{1}{4}$의 □배
$\dfrac{1}{3}$의 8배는 $2\dfrac{\square}{3}$	$4\dfrac{1}{2}$은 $\dfrac{1}{2}$의 □배
$\dfrac{1}{6}$의 9배는 $1\dfrac{\square}{6}$	$2\dfrac{4}{9}$는 $\dfrac{1}{9}$의 □배
$\dfrac{1}{5}$의 12배는 $\square\dfrac{\square}{5}$	$1\dfrac{7}{10}$은 $\dfrac{1}{10}$의 □배
$\dfrac{1}{12}$의 27배는 $\square\dfrac{\square}{12}$	$2\dfrac{7}{13}$은 $\dfrac{1}{13}$의 □배

꼭꼭  $\dfrac{1}{\triangle}$의 ★배이면 $\dfrac{★}{\triangle}$이고, $\dfrac{●}{\triangle}$는 $\dfrac{1}{\triangle}$의 ●배입니다.

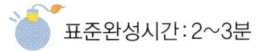 안에 알맞은 수를 써넣으시오.

$1 = \dfrac{\boxed{}}{4}$

$\dfrac{9}{9} = \boxed{}$

$1 = \dfrac{\boxed{}}{3}$

$\dfrac{6}{2} = \boxed{}$

$2 = \dfrac{\boxed{}}{8}$

$\dfrac{5}{5} = \boxed{}$

$3 = \dfrac{\boxed{}}{7}$

$\dfrac{24}{6} = \boxed{}$

$1 = \dfrac{\boxed{}}{15}$

$\dfrac{38}{19} = \boxed{}$

$2 = \dfrac{\boxed{}}{18}$

$\dfrac{52}{13} = \boxed{}$

$3 = \dfrac{\boxed{}}{22}$

$\dfrac{60}{12} = \boxed{}$

크기를 비교하여 ◯ 안에 >, =, <를 알맞게 써넣으시오.

$\dfrac{2}{3}$ ◯ $\dfrac{1}{3}$	$2\dfrac{3}{4}$ ◯ $4\dfrac{3}{4}$
$\dfrac{5}{7}$ ◯ $\dfrac{6}{7}$	$3\dfrac{5}{6}$ ◯ $3\dfrac{4}{6}$
$\dfrac{3}{8}$ ◯ $\dfrac{5}{8}$	$5\dfrac{3}{5}$ ◯ $5\dfrac{1}{5}$
$\dfrac{7}{9}$ ◯ $\dfrac{6}{9}$	$4\dfrac{1}{2}$ ◯ $3\dfrac{1}{2}$
$\dfrac{7}{10}$ ◯ $\dfrac{9}{10}$	$3\dfrac{4}{12}$ ◯ $1\dfrac{9}{12}$
$\dfrac{10}{13}$ ◯ $\dfrac{12}{13}$	$5\dfrac{8}{11}$ ◯ $5\dfrac{10}{11}$
$\dfrac{8}{14}$ ◯ $\dfrac{6}{14}$	$2\dfrac{15}{16}$ ◯ $2\dfrac{10}{16}$

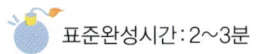

크기를 비교하여 ◯ 안에 >, =, <를 알맞게 써넣으시오.

$\dfrac{14}{4}$ ◯ $3\dfrac{3}{4}$	$\dfrac{12}{2}$ ◯ $5\dfrac{1}{2}$
$3\dfrac{4}{6}$ ◯ $\dfrac{21}{6}$	$2\dfrac{6}{8}$ ◯ $\dfrac{20}{8}$
$\dfrac{13}{7}$ ◯ $1\dfrac{5}{7}$	$\dfrac{34}{9}$ ◯ $3\dfrac{8}{9}$
$2\dfrac{2}{3}$ ◯ $\dfrac{9}{3}$	$4\dfrac{2}{5}$ ◯ $\dfrac{23}{5}$
$\dfrac{47}{12}$ ◯ $3\dfrac{10}{12}$	$\dfrac{27}{14}$ ◯ $1\dfrac{11}{14}$
$3\dfrac{13}{17}$ ◯ $\dfrac{64}{17}$	$2\dfrac{12}{15}$ ◯ $\dfrac{44}{15}$
$\dfrac{33}{19}$ ◯ $1\dfrac{16}{19}$	$\dfrac{85}{18}$ ◯ $4\dfrac{15}{18}$

💠 두 분수씩 서로 비교하여 크기가 큰 분수를 위의 빈칸에 써넣으시오.

(1)

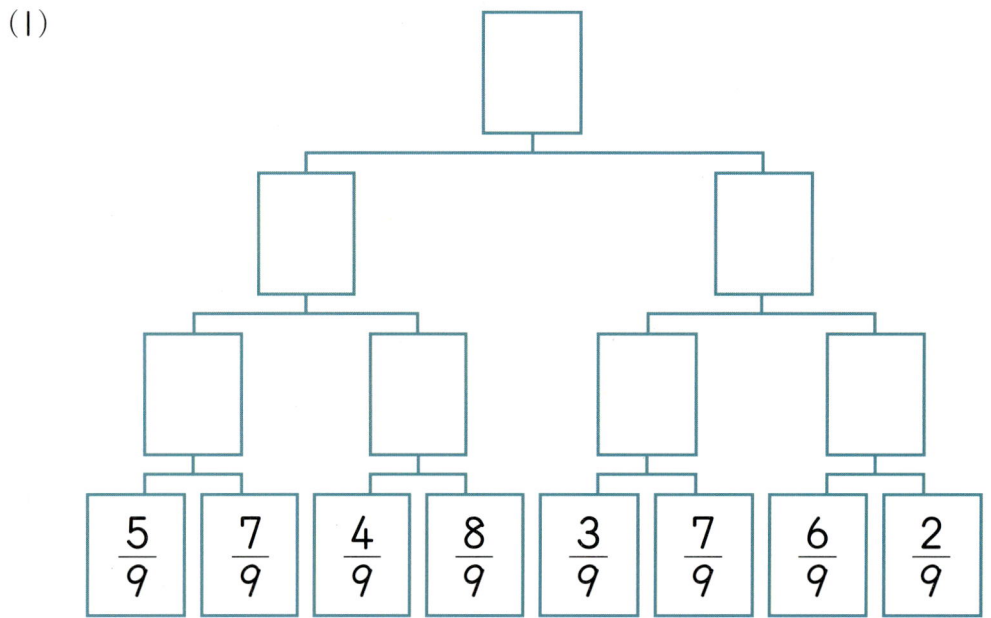

(2)

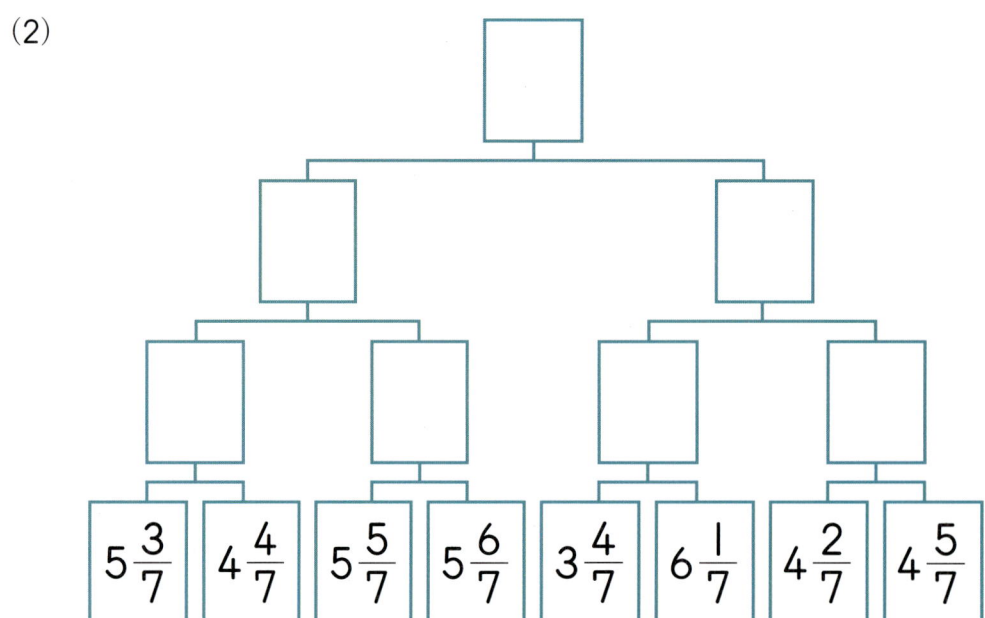

두 분수씩 서로 비교하여 크기가 작은 분수를 위의 빈칸에 써넣으시오.

(3)

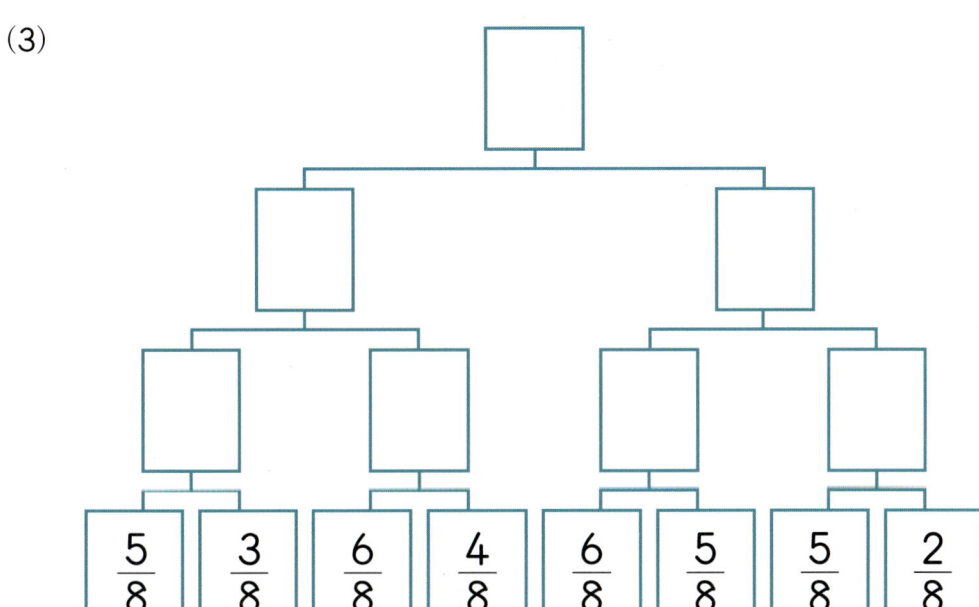

(4)

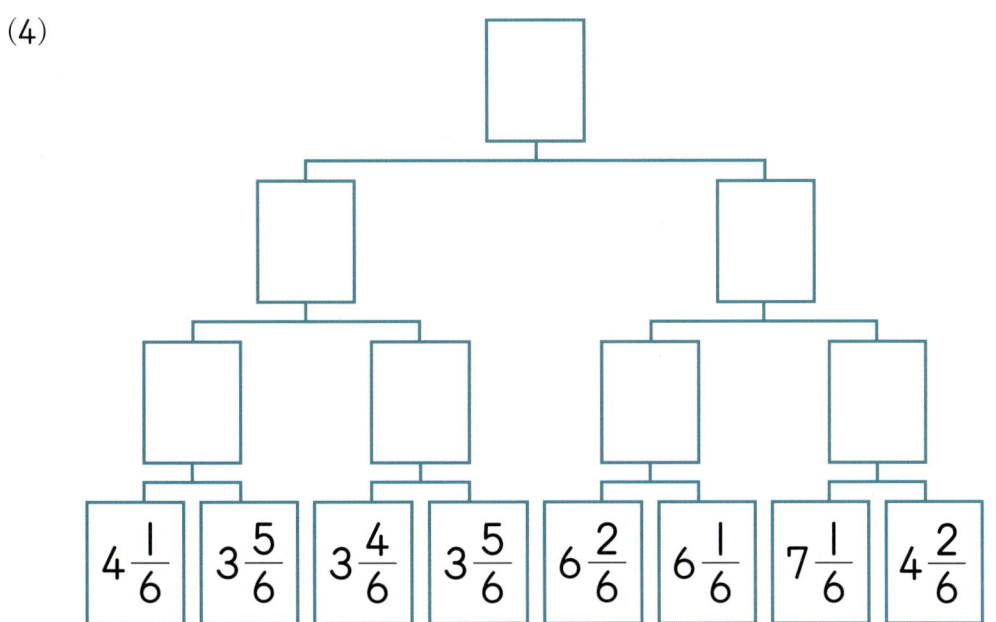

 진분수 중 ☐ 안에 들어갈 수 있는 수를 모두 쓰시오.

(1) $\dfrac{1}{5} < \dfrac{\square}{5}$　　⇨　2, 3, 4

(2) $\dfrac{\square}{8} < \dfrac{6}{8}$　　⇨　_____

(3) $\dfrac{4}{9} < \dfrac{\square}{9}$　　⇨　_____

(4) $\dfrac{\square}{7} > \dfrac{3}{7}$　　⇨　_____

(5) $\dfrac{7}{10} > \dfrac{\square}{10}$　　⇨　_____

 진분수와 가분수에서 분모가 같을 때는 분자가 큰 분수가 크고, 자연수와 분모가 같은 대분수도 분자가 클수록 큰 분수입니다. 부등호의 방향을 잘 보고 ☐ 안의 수를 구합니다.

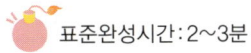
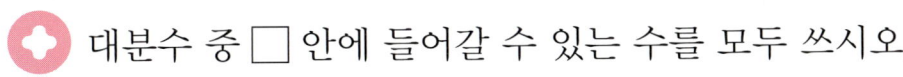 대분수 중 ☐ 안에 들어갈 수 있는 수를 모두 쓰시오.

(6) $2\dfrac{2}{8} < 2\dfrac{\square}{8}$　⇨　_____

(7) $1\dfrac{\square}{6} < 1\dfrac{5}{6}$　⇨　_____

(8) $2\dfrac{3}{7} < 2\dfrac{\square}{7}$　⇨　_____

(9) $5\dfrac{\square}{9} > 5\dfrac{5}{9}$　⇨　_____

(10) $6\dfrac{6}{11} > 6\dfrac{\square}{11}$　⇨　_____

(11) $8\dfrac{\square}{10} > 8\dfrac{5}{10}$　⇨　_____

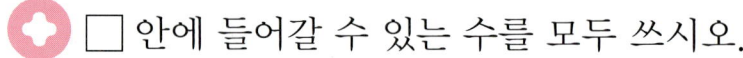

✿ □ 안에 들어갈 수 있는 수를 모두 쓰시오.

(1) $1\dfrac{\square}{4} < \dfrac{7}{4}$ ⇨ _____

(2) $\dfrac{20}{8} > 2\dfrac{\square}{8}$ ⇨ _____

(3) $3\dfrac{\square}{7} < \dfrac{25}{7}$ ⇨ _____

(4) $\dfrac{9}{5} > 1\dfrac{\square}{5}$ ⇨ _____

(5) $2\dfrac{\square}{13} < \dfrac{30}{13}$ ⇨ _____

(6) $\dfrac{50}{15} > 3\dfrac{\square}{15}$ ⇨ _____

□ 안에 들어갈 수 있는 수를 모두 쓰시오.

(7) $2\dfrac{\square}{8} < \dfrac{21}{8}$　⇨　_____

(8) $3\dfrac{\square}{4} < \dfrac{16}{4}$　⇨　_____

(9) $\dfrac{23}{9} < 2\dfrac{\square}{9}$　⇨　_____

(10) $\dfrac{16}{5} < 3\dfrac{\square}{5}$　⇨　_____

(11) $2\dfrac{\square}{11} < \dfrac{25}{11}$　⇨　_____

(12) $3\dfrac{\square}{19} < \dfrac{63}{19}$　⇨　_____

분수의 덧셈

차시	단계	공부한 날	잘 했나요?
37차시	1단계	월 일	😄 🙂 😐 😣
38차시		월 일	😄 🙂 😐 😣
39차시		월 일	😄 🙂 😐 😣
40차시		월 일	😄 🙂 😐 😣
41차시		월 일	😄 🙂 😐 😣
42차시		월 일	😄 🙂 😐 😣
43차시		월 일	😄 🙂 😐 😣
44차시		월 일	😄 🙂 😐 😣
45차시	2단계	월 일	😄 🙂 😐 😣
46차시		월 일	😄 🙂 😐 😣
47차시	3단계	월 일	😄 🙂 😐 😣
48차시		월 일	😄 🙂 😐 😣

틀린 개수가

0~1 개이면 😄(아주 잘함)에, 2~3 개이면 🙂(잘함)에,

4~5 개이면 😐(보통)에, 6 개 이상이면 😣(노력 바람)에 색칠해 주세요.

만화로 개념 알아보기

학습목표 분모가 같은 진분수의 덧셈과 받아올림이 없는 대분수의 덧셈을 학습합니다.

으으

아~ 배고파~
맛있는 거 먹고 싶어~

응?
어디서 맛있는
냄새가……

쿵쿵

와~ 소세지다!

와아

하여튼
개코라니까~

호호

으이그~
천천히 먹어.

와구와구~
너무 맛있다!

앗! 큰일났다~

헉

무슨
일이야?

소세지를
12분의 5나
먹었어~

난
12분의 7이나
먹었는 걸!

응? 그게
얼마나
먹은 건데?

소세지 12개 중에서 내가 12분의 5를 먹고~

내가 12분의 7을 먹은 거야~

분모가 같으면 분자끼리 더하면 되니까~

$$\frac{5}{12} + \frac{7}{12} = \frac{12}{12}$$

12분의 12이네. 즉, 모두 먹은 거네

응~

앗! 너희 둘이서 소세지를 다 먹은 거야? 내 건?

으앙

미안~

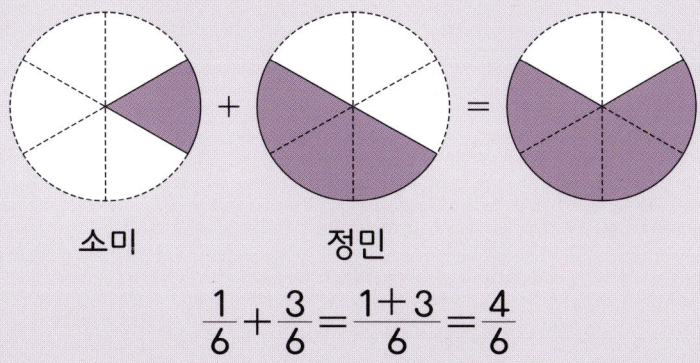

소미   정민

$$\frac{1}{6}+\frac{3}{6}=\frac{1+3}{6}=\frac{4}{6}$$

소미와 정민이가 먹은 호두파이는 전체의 $\frac{4}{6}$입니다.

분모가 같은 진분수의 덧셈은 분모는 그대로 두고 분자끼리 더합니다.

$$\frac{\text{☆}}{\square}+\frac{\bigcirc}{\square}=\frac{\text{☆}+\bigcirc}{\square}$$

 ☐ 안에 알맞은 수를 써넣으시오.

(1) $\dfrac{3}{5} + \dfrac{1}{5} = \dfrac{3+1}{5} = \dfrac{\square}{5}$ ← 분자끼리 더합니다.
← 분모는 그대로 써 줍니다.

(2) $\dfrac{3}{8} + \dfrac{2}{8} = \dfrac{3+2}{8} = \dfrac{\square}{8}$

(3) $\dfrac{2}{6} + \dfrac{2}{6} = \dfrac{2+\square}{6} = \dfrac{\square}{6}$

(4) $\dfrac{4}{9} + \dfrac{3}{9} = \dfrac{4+\square}{9} = \dfrac{\square}{9}$

(5) $\dfrac{1}{7} + \dfrac{5}{7} = \dfrac{\square+\square}{7} = \dfrac{\square}{7}$

(6) $\dfrac{6}{10} + \dfrac{3}{10} = \dfrac{\square+\square}{10} = \dfrac{\square}{10}$

 꼭꼭 분모가 같은 진분수의 덧셈은 분모는 그대로 쓰고 분자끼리 더합니다.

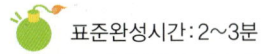
 분수의 덧셈을 하시오.

(7) $\dfrac{1}{3} + \dfrac{1}{3} =$

(8) $\dfrac{4}{7} + \dfrac{1}{7} =$

(9) $\dfrac{1}{9} + \dfrac{4}{9} =$

(10) $\dfrac{2}{8} + \dfrac{3}{8} =$

(11) $\dfrac{2}{6} + \dfrac{1}{6} =$

(12) $\dfrac{2}{5} + \dfrac{2}{5} =$

(13) $\dfrac{3}{8} + \dfrac{3}{8} =$

(14) $\dfrac{1}{4} + \dfrac{1}{4} =$

(15) $\dfrac{3}{10} + \dfrac{2}{10} =$

(16) $\dfrac{5}{11} + \dfrac{5}{11} =$

(17) $\dfrac{3}{15} + \dfrac{9}{15} =$

(18) $\dfrac{4}{12} + \dfrac{7}{12} =$

✚ 분수의 덧셈을 하시오.

(1) $\dfrac{3}{7} + \dfrac{2}{7} =$

(2) $\dfrac{1}{6} + \dfrac{3}{6} =$

(3) $\dfrac{3}{9} + \dfrac{4}{9} =$

(4) $\dfrac{1}{4} + \dfrac{2}{4} =$

(5) $\dfrac{1}{5} + \dfrac{1}{5} =$

(6) $\dfrac{4}{8} + \dfrac{1}{8} =$

(7) $\dfrac{1}{6} + \dfrac{3}{6} =$

(8) $\dfrac{2}{7} + \dfrac{4}{7} =$

(9) $\dfrac{5}{16} + \dfrac{3}{16} =$

(10) $\dfrac{7}{13} + \dfrac{3}{13} =$

(11) $\dfrac{8}{14} + \dfrac{5}{14} =$

(12) $\dfrac{2}{18} + \dfrac{10}{18} =$

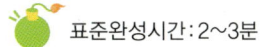 분수의 덧셈을 하시오.

(13) $\dfrac{4}{6} + \dfrac{1}{6} =$ (14) $\dfrac{2}{4} + \dfrac{1}{4} =$

(15) $\dfrac{2}{7} + \dfrac{3}{7} =$ (16) $\dfrac{1}{3} + \dfrac{1}{3} =$

(17) $\dfrac{3}{8} + \dfrac{4}{8} =$ (18) $\dfrac{4}{9} + \dfrac{3}{9} =$

(19) $\dfrac{1}{5} + \dfrac{3}{5} =$ (20) $\dfrac{4}{8} + \dfrac{2}{8} =$

(21) $\dfrac{5}{20} + \dfrac{12}{20} =$ (22) $\dfrac{13}{24} + \dfrac{8}{24} =$

(23) $\dfrac{5}{21} + \dfrac{8}{21} =$ (24) $\dfrac{10}{25} + \dfrac{9}{25} =$

39차시 **분수의 덧셈**   **1**단계

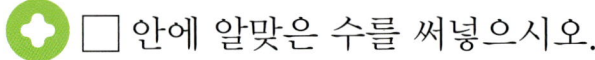

☐ 안에 알맞은 수를 써넣으시오.

(1) $\dfrac{2}{3} + \dfrac{2}{3} = \dfrac{2+2}{3} = \dfrac{4}{3} = 1\dfrac{\boxed{}}{3}$

계산 결과가 가분수이면 대분수로 고쳐 줍니다.

(2) $\dfrac{5}{7} + \dfrac{4}{7} = \dfrac{5+4}{7} = \dfrac{\boxed{}}{7} = 1\dfrac{\boxed{}}{7}$

(3) $\dfrac{7}{9} + \dfrac{8}{9} = \dfrac{7+8}{9} = \dfrac{\boxed{}}{9} = \boxed{}\dfrac{\boxed{}}{9}$

(4) $\dfrac{2}{5} + \dfrac{4}{5} = \dfrac{2+\boxed{}}{5} = \dfrac{\boxed{}}{5} = \boxed{}\dfrac{\boxed{}}{5}$

(5) $\dfrac{3}{4} + \dfrac{2}{4} = \dfrac{3+\boxed{}}{4} = \dfrac{\boxed{}}{4} = \boxed{}\dfrac{\boxed{}}{4}$

(6) $\dfrac{4}{8} + \dfrac{6}{8} = \dfrac{\boxed{}+\boxed{}}{8} = \dfrac{10}{8} = \boxed{}\dfrac{\boxed{}}{8}$

 꼭꼭 분모가 같은 진분수의 덧셈은 분모는 그대로 쓰고 분자끼리 더합니다.
계산 결과가 가분수이면 대분수로 고쳐 줍니다.

➕ 분수의 덧셈을 하시오.

(7) $\dfrac{3}{5} + \dfrac{4}{5} =$

(8) $\dfrac{5}{8} + \dfrac{7}{8} =$

(9) $\dfrac{3}{6} + \dfrac{5}{6} =$

(10) $\dfrac{2}{4} + \dfrac{3}{4} =$

(11) $\dfrac{3}{7} + \dfrac{6}{7} =$

(12) $\dfrac{4}{6} + \dfrac{5}{6} =$

(13) $\dfrac{5}{8} + \dfrac{4}{8} =$

(14) $\dfrac{8}{9} + \dfrac{5}{9} =$

(15) $\dfrac{4}{10} + \dfrac{9}{10} =$

(16) $\dfrac{8}{11} + \dfrac{8}{11} =$

(17) $\dfrac{11}{14} + \dfrac{9}{14} =$

(18) $\dfrac{7}{12} + \dfrac{8}{12} =$

➕ 분수의 덧셈을 하시오.

(1) $\dfrac{5}{7} + \dfrac{5}{7} =$

(2) $\dfrac{4}{5} + \dfrac{3}{5} =$

(3) $\dfrac{2}{8} + \dfrac{7}{8} =$

(4) $\dfrac{3}{4} + \dfrac{3}{4} =$

(5) $\dfrac{4}{6} + \dfrac{3}{6} =$

(6) $\dfrac{5}{9} + \dfrac{6}{9} =$

(7) $\dfrac{10}{13} + \dfrac{12}{13} =$

(8) $\dfrac{15}{19} + \dfrac{14}{19} =$

(9) $\dfrac{13}{18} + \dfrac{8}{18} =$

(10) $\dfrac{8}{15} + \dfrac{9}{15} =$

(11) $\dfrac{12}{16} + \dfrac{15}{16} =$

(12) $\dfrac{18}{20} + \dfrac{17}{20} =$

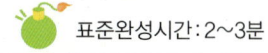

 분수의 덧셈을 하시오.

(13) $\dfrac{7}{9} + \dfrac{4}{9} =$

(14) $\dfrac{5}{6} + \dfrac{2}{6} =$

(15) $\dfrac{5}{8} + \dfrac{5}{8} =$

(16) $\dfrac{8}{9} + \dfrac{7}{9} =$

(17) $\dfrac{4}{5} + \dfrac{4}{5} =$

(18) $\dfrac{6}{7} + \dfrac{5}{7} =$

(19) $\dfrac{15}{20} + \dfrac{17}{20} =$

(20) $\dfrac{23}{25} + \dfrac{20}{25} =$

(21) $\dfrac{17}{21} + \dfrac{8}{21} =$

(22) $\dfrac{15}{17} + \dfrac{16}{17} =$

(23) $\dfrac{9}{28} + \dfrac{22}{28} =$

(24) $\dfrac{13}{23} + \dfrac{18}{23} =$

♣ ☐ 안에 알맞은 수를 써넣으시오.

(1) $2\dfrac{2}{5} + 3\dfrac{1}{5} = (2+3)+(\dfrac{2}{5}+\dfrac{1}{5})=5+\dfrac{3}{5}=5\dfrac{\square}{5}$

(2) $1\dfrac{1}{3} + 2\dfrac{1}{3} = \square\dfrac{\square}{3}$

(3) $3\dfrac{3}{7} + 2\dfrac{1}{7} = \square\dfrac{\square}{7}$

(4) $2\dfrac{3}{8} + 2\dfrac{4}{8} = \square\dfrac{\square}{\square}$

(5) $1\dfrac{1}{4} + 1\dfrac{2}{4} = \square\dfrac{\square}{\square}$

(6) $2\dfrac{2}{6} + 1\dfrac{3}{6} = \square\dfrac{\square}{\square}$

(7) $3\dfrac{3}{9} + 4\dfrac{4}{9} = \square\dfrac{\square}{\square}$

(8) $2\dfrac{2}{13} + 4\dfrac{5}{13} = \square\dfrac{\square}{\square}$

(9) $3\dfrac{1}{10} + 1\dfrac{3}{10} = \square\dfrac{\square}{\square}$

꼭꼭 　분모가 같은 대분수의 덧셈은 자연수는 자연수끼리 더하고, 진분수는 진분수끼리 더합니다.

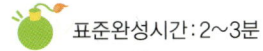
 분수의 덧셈을 하시오.

(10) $3\dfrac{1}{6} + 4\dfrac{3}{6} =$

(11) $2\dfrac{3}{9} + 7\dfrac{2}{9} =$

(12) $4\dfrac{1}{8} + 2\dfrac{3}{8} =$

(13) $3\dfrac{1}{4} + 3\dfrac{1}{4} =$

(14) $1\dfrac{3}{7} + 5\dfrac{3}{7} =$

(15) $5\dfrac{1}{5} + 3\dfrac{3}{5} =$

(16) $4\dfrac{1}{9} + 3\dfrac{6}{9} =$

(17) $2\dfrac{3}{6} + 6\dfrac{2}{6} =$

(18) $2\dfrac{5}{11} + 4\dfrac{4}{11} =$

(19) $3\dfrac{6}{15} + 5\dfrac{3}{15} =$

(20) $1\dfrac{8}{14} + 7\dfrac{2}{14} =$

(21) $3\dfrac{4}{12} + 2\dfrac{7}{12} =$

42_{차시} **분수의 덧셈**

✿ 분수의 덧셈을 하시오.

(1) $4\dfrac{3}{9} + 1\dfrac{5}{9} =$

(2) $2\dfrac{1}{5} + 3\dfrac{2}{5} =$

(3) $4\dfrac{3}{7} + 3\dfrac{1}{7} =$

(4) $1\dfrac{1}{8} + 4\dfrac{1}{8} =$

(5) $3\dfrac{2}{4} + 4\dfrac{1}{4} =$

(6) $2\dfrac{2}{6} + 4\dfrac{1}{6} =$

(7) $2\dfrac{5}{15} + 6\dfrac{3}{15} =$

(8) $6\dfrac{7}{18} + 1\dfrac{8}{18} =$

(9) $5\dfrac{9}{20} + 2\dfrac{8}{20} =$

(10) $1\dfrac{7}{19} + 7\dfrac{4}{19} =$

(11) $2\dfrac{9}{24} + 3\dfrac{12}{24} =$

(12) $4\dfrac{5}{16} + 4\dfrac{2}{16} =$

 분수의 덧셈을 하시오.

(13) $1\dfrac{4}{8} + 3\dfrac{3}{8} =$

(14) $2\dfrac{2}{5} + 1\dfrac{2}{5} =$

(15) $2\dfrac{1}{4} + 3\dfrac{1}{4} =$

(16) $1\dfrac{1}{6} + 5\dfrac{4}{6} =$

(17) $3\dfrac{4}{9} + 3\dfrac{2}{9} =$

(18) $2\dfrac{6}{8} + 6\dfrac{1}{8} =$

(19) $6\dfrac{1}{5} + 1\dfrac{3}{5} =$

(20) $1\dfrac{3}{7} + 2\dfrac{1}{7} =$

(21) $4\dfrac{5}{15} + 2\dfrac{7}{15} =$

(22) $2\dfrac{8}{11} + 7\dfrac{2}{11} =$

(23) $3\dfrac{8}{18} + 2\dfrac{5}{18} =$

(24) $1\dfrac{4}{14} + 1\dfrac{7}{14} =$

43 차시 분수의 덧셈 1단계

➕ 분수의 덧셈을 하시오.

(1)
$$1 \frac{1}{3}$$
$$+ \ 4 \frac{1}{3}$$
$$5 \frac{2}{3}$$

(2)
$$1 \frac{1}{7}$$
$$+ \ 5 \frac{4}{7}$$
$$5 \frac{5}{7}$$

(3)
$$2 \frac{3}{8}$$
$$+ \quad \frac{1}{8}$$

(4)
$$3 \frac{3}{6}$$
$$+ \quad \frac{2}{6}$$

(5)
$$3 \frac{3}{5}$$
$$+ \ 2 \frac{1}{5}$$

(6)
$$4 \frac{4}{9}$$
$$+ \ 6 \frac{3}{9}$$

(7)
$$\frac{5}{8}$$
$$+ \ 2 \frac{1}{8}$$

(8)
$$4 \frac{2}{7}$$
$$+ \quad \frac{4}{7}$$

(9)
$$4 \frac{2}{4}$$
$$+ \ 3 \frac{1}{4}$$

> 꼭꼭 진분수는 진분수끼리, 자연수는 자연수끼리 더하여 구합니다.

분수의 덧셈을 하시오.

(10)
$$+ \ 6\frac{2}{6} \text{ under } 3\frac{3}{6}$$

(11)
$$4\frac{1}{4} + \frac{2}{4}$$

(12)
$$5\frac{2}{8} + 3\frac{5}{8}$$

(13)
$$2\frac{5}{7} + \frac{1}{7}$$

(14)
$$5\frac{1}{5} + 4\frac{3}{5}$$

(15)
$$\frac{4}{9} + 7\frac{3}{9}$$

(16)
$$6\frac{4}{10} + \frac{3}{10}$$

(17)
$$\frac{6}{15} + 9\frac{7}{15}$$

(18)
$$1\frac{8}{12} + 4\frac{3}{12}$$

(19)
$$3\frac{4}{13} + \frac{6}{13}$$

(20)
$$\frac{5}{16} + 2\frac{10}{16}$$

(21)
$$4\frac{11}{27} + 2\frac{8}{27}$$

🍀 분수의 덧셈을 하시오.

(1)
$$+ \begin{array}{r} \frac{4}{7} \\ 4\ \frac{2}{7} \end{array}$$

(2)
$$+ \begin{array}{r} 8\ \frac{5}{9} \\ \frac{3}{9} \end{array}$$

(3)
$$+ \begin{array}{r} 3\ \frac{1}{4} \\ 3\ \frac{2}{4} \end{array}$$

(4)
$$+ \begin{array}{r} 4\ \frac{2}{5} \\ \frac{2}{5} \end{array}$$

(5)
$$+ \begin{array}{r} 3\ \frac{4}{8} \\ 2\ \frac{3}{8} \end{array}$$

(6)
$$+ \begin{array}{r} \frac{2}{6} \\ 7\ \frac{3}{6} \end{array}$$

(7)
$$+ \begin{array}{r} 7\ \frac{8}{17} \\ \frac{6}{17} \end{array}$$

(8)
$$+ \begin{array}{r} \frac{9}{19} \\ 3\ \frac{5}{19} \end{array}$$

(9)
$$+ \begin{array}{r} 2\ \frac{7}{14} \\ 6\ \frac{3}{14} \end{array}$$

(10)
$$+ \begin{array}{r} 7\ \frac{6}{18} \\ \frac{8}{18} \end{array}$$

(11)
$$+ \begin{array}{r} \frac{7}{20} \\ 4\ \frac{12}{20} \end{array}$$

(12)
$$+ \begin{array}{r} 7\ \frac{13}{21} \\ 1\ \frac{5}{21} \end{array}$$

분수의 덧셈을 하시오.

(13)

$$+ \begin{array}{r} 6\frac{1}{9} \\ 5\frac{1}{9} \end{array}$$

(14)

$$+ \begin{array}{r} 3\frac{3}{7} \\ \frac{1}{7} \end{array}$$

(15)

$$+ \begin{array}{r} 2\frac{2}{4} \\ 4\frac{1}{4} \end{array}$$

(16)

$$+ \begin{array}{r} 7\frac{3}{6} \\ \frac{2}{6} \end{array}$$

(17)

$$+ \begin{array}{r} 1\frac{3}{8} \\ 3\frac{2}{8} \end{array}$$

(18)

$$+ \begin{array}{r} \frac{1}{3} \\ 5\frac{1}{3} \end{array}$$

(19)

$$+ \begin{array}{r} 8\frac{7}{16} \\ \frac{5}{16} \end{array}$$

(20)

$$+ \begin{array}{r} \frac{3}{13} \\ 3\frac{9}{13} \end{array}$$

(21)

$$+ \begin{array}{r} 2\frac{5}{11} \\ 5\frac{4}{11} \end{array}$$

(22)

$$+ \begin{array}{r} 5\frac{12}{24} \\ \frac{9}{24} \end{array}$$

(23)

$$+ \begin{array}{r} \frac{6}{25} \\ 7\frac{13}{25} \end{array}$$

(24)

$$+ \begin{array}{r} 4\frac{11}{17} \\ 4\frac{3}{17} \end{array}$$

➕ 분수의 덧셈을 하시오.

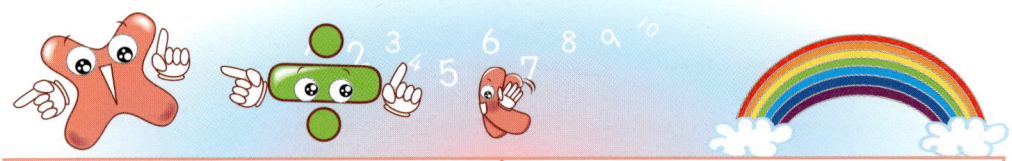

$\dfrac{3}{5} + \dfrac{1}{5} =$	$\dfrac{3}{7} + \dfrac{2}{7} =$
$\dfrac{3}{8} + \dfrac{2}{8} =$	$\dfrac{3}{9} + \dfrac{4}{9} =$
$\dfrac{2}{6} + \dfrac{2}{6} =$	$\dfrac{1}{4} + \dfrac{2}{4} =$
$\dfrac{8}{14} + \dfrac{3}{14} =$	$\dfrac{9}{18} + \dfrac{5}{18} =$
$\dfrac{3}{15} + \dfrac{10}{15} =$	$\dfrac{12}{16} + \dfrac{3}{16} =$
$\dfrac{7}{21} + \dfrac{5}{21} =$	$\dfrac{9}{19} + \dfrac{7}{19} =$

 꼭꼭 분모가 같은 진분수의 덧셈은 분모는 그대로 쓰고 분자끼리 더합니다.
계산 결과가 가분수이면 대분수로 고쳐 줍니다.

분수의 덧셈을 하시오.

$\dfrac{5}{7} + \dfrac{6}{7} =$	$\dfrac{3}{5} + \dfrac{4}{5} =$
$\dfrac{6}{8} + \dfrac{5}{8} =$	$\dfrac{2}{3} + \dfrac{2}{3} =$
$\dfrac{4}{5} + \dfrac{3}{5} =$	$\dfrac{6}{9} + \dfrac{7}{9} =$
$\dfrac{4}{6} + \dfrac{5}{6} =$	$\dfrac{2}{4} + \dfrac{3}{4} =$
$\dfrac{7}{10} + \dfrac{6}{10} =$	$\dfrac{5}{12} + \dfrac{9}{12} =$
$\dfrac{10}{13} + \dfrac{8}{13} =$	$\dfrac{9}{11} + \dfrac{5}{11} =$
$\dfrac{7}{15} + \dfrac{13}{15} =$	$\dfrac{12}{17} + \dfrac{11}{17} =$

 분수의 덧셈을 하시오.

$2\dfrac{2}{5} + 5\dfrac{1}{5} =$	$3\dfrac{2}{8} + 5\dfrac{1}{8} =$
$1\dfrac{2}{4} + 1\dfrac{1}{4} =$	$2\dfrac{2}{7} + 3\dfrac{4}{7} =$
$3\dfrac{2}{9} + 2\dfrac{4}{9} =$	$3\dfrac{1}{6} + 4\dfrac{3}{6} =$
$2\dfrac{3}{8} + 1\dfrac{2}{8} =$	$1\dfrac{2}{5} + 2\dfrac{2}{5} =$
$5\dfrac{6}{14} + 3\dfrac{3}{14} =$	$2\dfrac{4}{13} + 3\dfrac{6}{13} =$
$2\dfrac{7}{17} + 3\dfrac{4}{17} =$	$4\dfrac{3}{12} + 1\dfrac{5}{12} =$
$4\dfrac{4}{19} + 1\dfrac{8}{19} =$	$2\dfrac{6}{15} + 1\dfrac{5}{15} =$

 분수의 덧셈을 하시오.

$4\dfrac{2}{5} + \dfrac{1}{5} =$	$\dfrac{1}{8} + 3\dfrac{4}{8} =$
$\dfrac{5}{9} + 1\dfrac{2}{9} =$	$5\dfrac{3}{7} + \dfrac{3}{7} =$
$8\dfrac{2}{6} + \dfrac{3}{6} =$	$\dfrac{2}{4} + 7\dfrac{1}{4} =$
$\dfrac{3}{8} + 5\dfrac{2}{8} =$	$3\dfrac{2}{9} + \dfrac{5}{9} =$
$6\dfrac{8}{14} + \dfrac{3}{14} =$	$\dfrac{6}{17} + 2\dfrac{8}{17} =$
$\dfrac{4}{15} + 8\dfrac{8}{15} =$	$2\dfrac{9}{19} + \dfrac{6}{19} =$
$4\dfrac{6}{16} + \dfrac{3}{16} =$	$\dfrac{7}{18} + 3\dfrac{5}{18} =$

47차시 **분수의 덧셈**

➕ □ 안에 알맞은 수를 써넣으시오.

(1) $\dfrac{2}{6} + \dfrac{\square}{6} = \dfrac{5}{6}$

분모가 같은 진분수의 덧셈은 분모는 그대로 두고 분자끼리 더합니다.
2+□=5 → □=3

(2) $\dfrac{\square}{5} + \dfrac{1}{5} = \dfrac{4}{5}$

(3) $\dfrac{\square}{7} + \dfrac{3}{7} = \dfrac{5}{7}$

(4) $\dfrac{3}{9} + \dfrac{\square}{9} = \dfrac{8}{9}$

(5) $\dfrac{1}{4} + \dfrac{\square}{4} = \dfrac{3}{4}$

(6) $\dfrac{\square}{8} + \dfrac{2}{8} = \dfrac{6}{8}$

(7) $\dfrac{\square}{7} + \dfrac{3}{7} = \dfrac{6}{7}$

(8) $\dfrac{3}{12} + \dfrac{\square}{12} = \dfrac{9}{12}$

(9) $\dfrac{1}{10} + \dfrac{\square}{10} = \dfrac{6}{10}$

 분모가 같은 진분수의 덧셈은 분모는 그대로 두고 분자끼리 더합니다.
분모가 같은 대분수의 덧셈은 자연수는 자연수끼리, 진분수는 진분수끼리 더하여 구합니다.

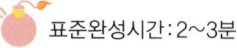
 □ 안에 알맞은 수를 써넣으시오.

(10) $\dfrac{5}{8} + \dfrac{\square}{8} = 1\dfrac{2}{8}$　　(11) $\dfrac{2}{3} + \dfrac{\square}{3} = 1\dfrac{1}{3}$

(12) $\dfrac{\square}{5} + \dfrac{3}{5} = 1\dfrac{2}{5}$　　(13) $\dfrac{\square}{7} + \dfrac{6}{7} = 1\dfrac{3}{7}$

(14) $\dfrac{6}{9} + \dfrac{\square}{9} = 1\dfrac{3}{9}$　　(15) $\dfrac{4}{6} + \dfrac{\square}{6} = 1\dfrac{2}{6}$

(16) $\dfrac{\square}{7} + \dfrac{5}{7} = 1\dfrac{1}{7}$　　(17) $\dfrac{\square}{4} + \dfrac{3}{4} = 1\dfrac{1}{4}$

(18) $\dfrac{12}{15} + \dfrac{\square}{15} = 1\dfrac{9}{15}$　　(19) $\dfrac{8}{10} + \dfrac{\square}{10} = 1\dfrac{4}{10}$

(20) $\dfrac{\square}{17} + \dfrac{13}{17} = 1\dfrac{8}{17}$　　(21) $\dfrac{\square}{13} + \dfrac{9}{13} = 1\dfrac{2}{13}$

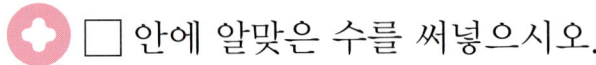

♣ □ 안에 알맞은 수를 써넣으시오.

(1) $2\dfrac{\square}{7} + 5\dfrac{2}{7} = 7\dfrac{3}{7}$

(2) $3\dfrac{1}{5} + 4\dfrac{\square}{5} = 7\dfrac{4}{5}$

(3) $1\dfrac{3}{8} + 8\dfrac{\square}{8} = 9\dfrac{7}{8}$

(4) $4\dfrac{\square}{4} + 4\dfrac{1}{4} = 8\dfrac{3}{4}$

(5) $3\dfrac{\square}{6} + 1\dfrac{2}{6} = 4\dfrac{4}{6}$

(6) $2\dfrac{3}{9} + 3\dfrac{\square}{9} = 5\dfrac{8}{9}$

(7) $2\dfrac{2}{5} + 1\dfrac{\square}{5} = 3\dfrac{3}{5}$

(8) $4\dfrac{\square}{7} + 2\dfrac{4}{7} = 6\dfrac{6}{7}$

(9) $2\dfrac{\square}{13} + 1\dfrac{6}{13} = 3\dfrac{8}{13}$

(10) $4\dfrac{7}{17} + 1\dfrac{\square}{17} = 5\dfrac{12}{17}$

(11) $3\dfrac{5}{12} + 4\dfrac{\square}{12} = 7\dfrac{10}{12}$

(12) $1\dfrac{\square}{16} + 2\dfrac{4}{16} = 3\dfrac{11}{16}$

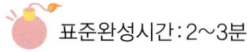
 □ 안에 알맞은 수를 써넣으시오.

(13) $\dfrac{\square}{4} + 4\dfrac{1}{4} = 4\dfrac{2}{4}$

(14) $\dfrac{\square}{7} + 3\dfrac{3}{7} = 3\dfrac{4}{7}$

(15) $6\dfrac{5}{8} + \dfrac{\square}{8} = 6\dfrac{7}{8}$

(16) $2\dfrac{3}{5} + \dfrac{\square}{5} = 2\dfrac{4}{5}$

(17) $\dfrac{\square}{9} + 5\dfrac{2}{9} = 5\dfrac{6}{9}$

(18) $\dfrac{1}{6} + 8\dfrac{\square}{6} = 8\dfrac{4}{6}$

 4주

(19) $9\dfrac{2}{5} + \dfrac{\square}{5} = 9\dfrac{4}{5}$

(20) $6\dfrac{\square}{8} + \dfrac{2}{8} = 6\dfrac{3}{8}$

(21) $\dfrac{5}{18} + 4\dfrac{\square}{18} = 4\dfrac{10}{18}$

(22) $\dfrac{4}{11} + 3\dfrac{\square}{11} = 3\dfrac{9}{11}$

(23) $2\dfrac{\square}{13} + \dfrac{6}{13} = 2\dfrac{12}{13}$

(24) $7\dfrac{\square}{16} + \dfrac{4}{16} = 7\dfrac{15}{16}$

✤ 다음을 구하시오.

(1) 6의 $\dfrac{1}{3} =$

(2) 14의 $\dfrac{5}{7} =$

(3) 21의 $\dfrac{4}{7} =$

(4) 12의 $\dfrac{2}{3} =$

(5) 16의 $\dfrac{3}{4} =$

(6) 25의 $\dfrac{2}{5} =$

✤ ☐ 안에 알맞은 수를 써넣으시오.

(7) 5는 8의 $\dfrac{\Box}{8}$

(8) 16은 24의 $\dfrac{\Box}{3}$

(9) 24는 32의 $\dfrac{\Box}{4}$

(10) 6은 14의 $\dfrac{\Box}{7}$

(11) 15는 25의 $\dfrac{\Box}{5}$

(12) 18은 38의 $\dfrac{\Box}{19}$

✿ 대분수는 가분수로, 가분수는 대분수로 나타내어 보시오.

(13) $6\dfrac{1}{3} =$

(14) $\dfrac{38}{5} =$

(15) $5\dfrac{3}{7} =$

(16) $\dfrac{41}{8} =$

(17) $3\dfrac{4}{6} =$

(18) $\dfrac{35}{9} =$

✿ 크기를 비교하여 ○ 안에 >, =, <를 알맞게 써넣으시오.

(19) $2\dfrac{7}{8}$ ○ $\dfrac{23}{8}$

(20) $\dfrac{10}{2}$ ○ $4\dfrac{1}{2}$

(21) $3\dfrac{2}{4}$ ○ $\dfrac{15}{4}$

(22) $\dfrac{13}{6}$ ○ $2\dfrac{2}{6}$

(23) $\dfrac{21}{9}$ ○ $2\dfrac{4}{9}$

(24) $3\dfrac{3}{7}$ ○ $\dfrac{25}{7}$

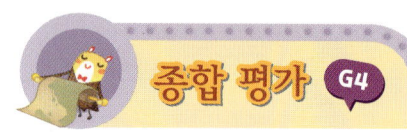
➕ 분수의 덧셈을 하시오.

(25) $\dfrac{3}{6} + \dfrac{5}{6} =$

(26) $\dfrac{2}{4} + \dfrac{3}{4} =$

(27) $\dfrac{3}{7} + \dfrac{6}{7} =$

(28) $\dfrac{4}{6} + \dfrac{5}{6} =$

(29) $3\dfrac{4}{9} + 3\dfrac{2}{9} =$

(30) $2\dfrac{6}{8} + 6\dfrac{1}{8} =$

(31) $6\dfrac{1}{5} + 1\dfrac{3}{5} =$

(32) $1\dfrac{3}{7} + 2\dfrac{1}{7} =$

(33) $4\dfrac{5}{15} + 2\dfrac{7}{15} =$

(34) $2\dfrac{8}{11} + 7\dfrac{2}{11} =$

(35) $3\dfrac{8}{18} + 2\dfrac{5}{18} =$

(36) $1\dfrac{4}{14} + 1\dfrac{7}{14} =$

정답 및 지도서

자르는 선을 따라 잘라 보관하여, 채점할 때 사용하세요.

1주 분수의 이해 1

지도 방법

① 분수의 개념을 처음 접하는 단계입니다. 다소 어렵고 추상적일 수 있으므로 그림 등의 구체적인 설명을 도입하여 이해시킵니다.

② 분수의 개념을 확실히 익힌 다음, 상위 단계로 넘어갈 수 있도록 합니다.

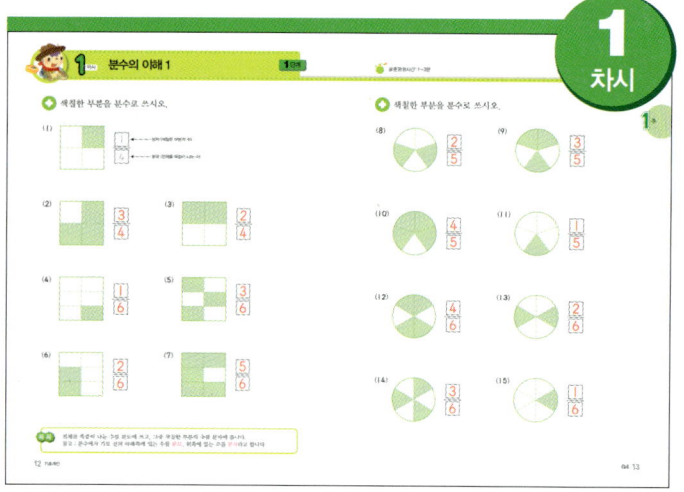

12~13쪽

그림을 통해 분수를 이해하고, 표현할 수 있도록 합니다. 또한 분수의 분모와 분자에 대해 익힙니다.

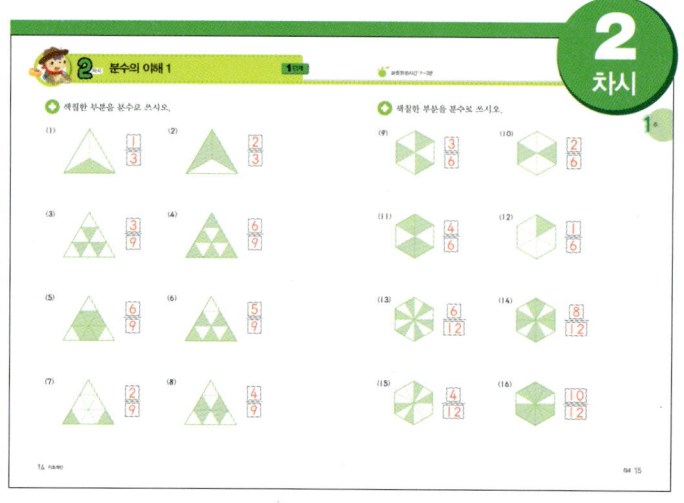

14~15쪽

색칠한 부분의 양의 개념을 수로 표시할 수 있습니다.

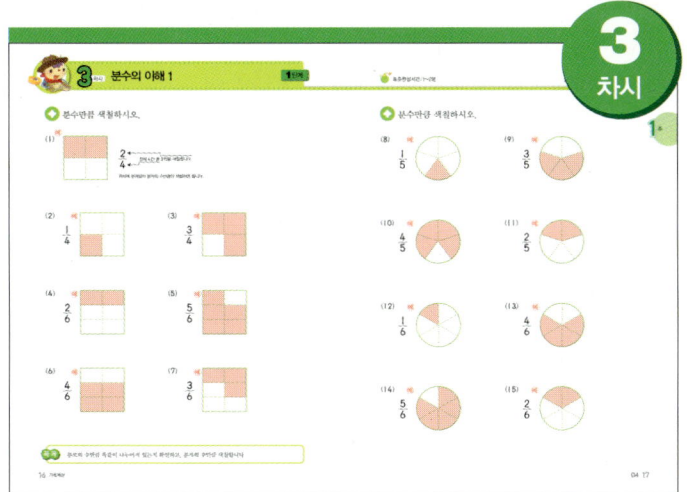

16~17쪽

분모의 수만큼 똑같이 나누어져 있는지 확인하고, 분자의 수만큼 색칠합니다.

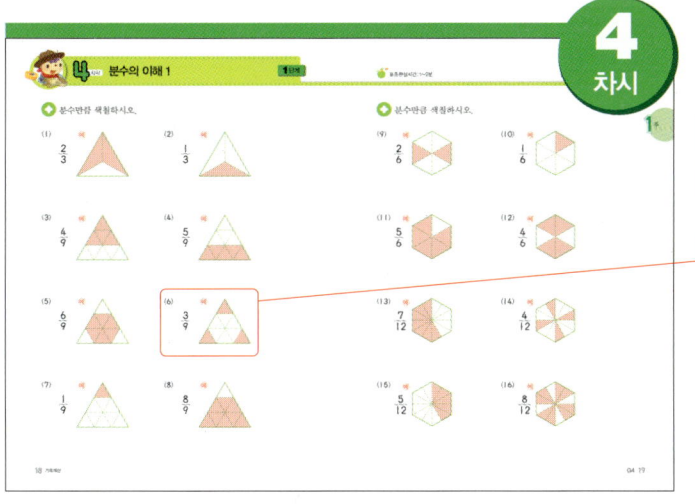

18~19쪽

$\dfrac{3}{9}$ 은 전체를 똑같이 9로 나눈 것 중의 3이므로 3칸을 색칠합니다.

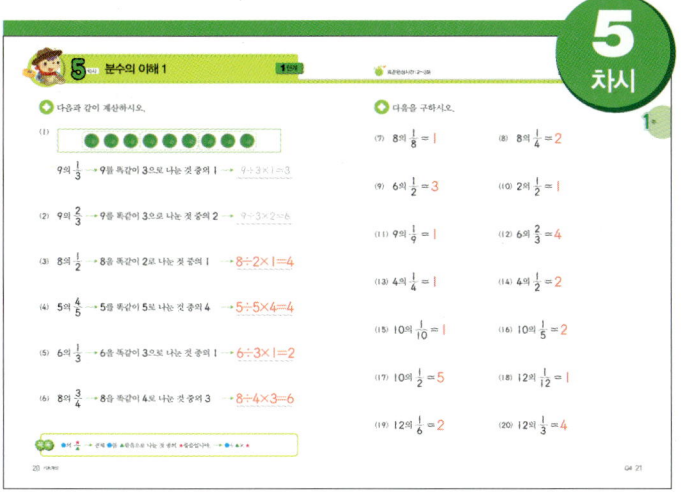

20~21쪽

●의 $\dfrac{★}{▲}$ 은 전체 ●를 똑같이 ▲묶음으로 나눈 것 중의 ★묶음입니다.

정답 및 지도서 G4

6차시

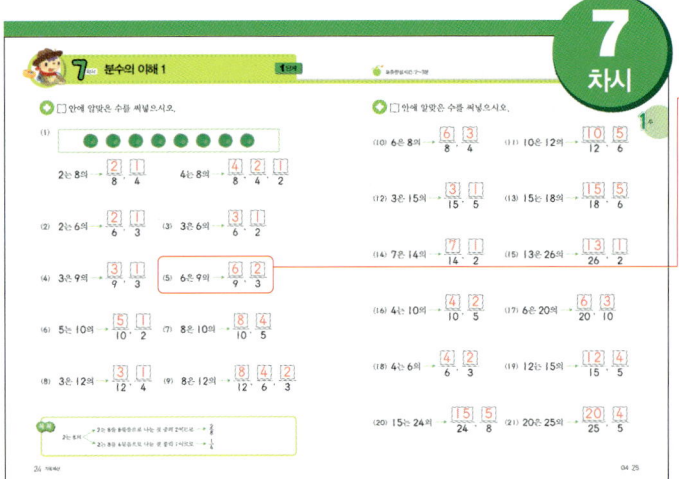

22~23쪽

9의 $\frac{1}{3}$은 전체 9를 똑같이 3으로 나눈 것 중의 하나입니다.

→ $9 \div 3 \times 1 = 3$

7차시

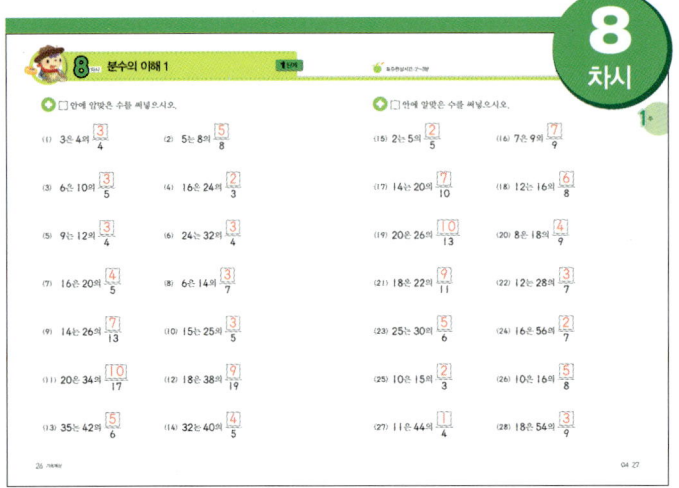

24~25쪽

• 6은 9를 똑같이 9묶음으로 나눈 것 중의 6이므로 $\frac{6}{9}$입니다.

• 6은 9를 똑같이 3묶음으로 나눈 것 중의 2이므로 $\frac{2}{3}$입니다.

8차시

26~27쪽

●는 ▲의 $\frac{□}{★}$에서 ▲를 똑같이 ★ 묶음으로 나눈 것 중에서 몇 묶음인지 알아봅니다.

28~29쪽

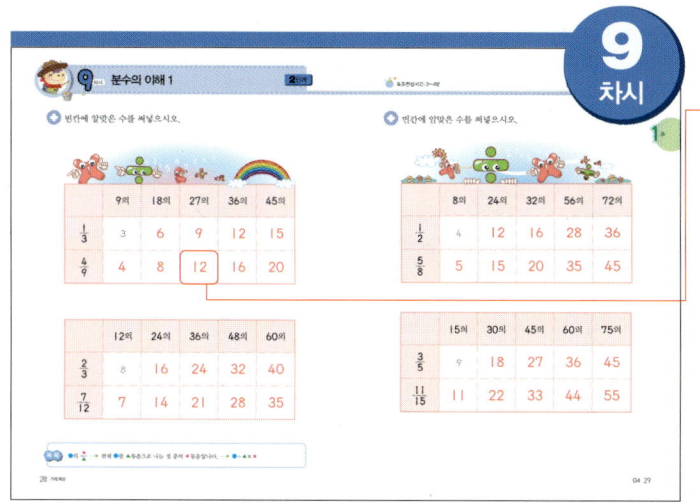

▶ 가로줄의 수의 세로줄의 수만큼은
얼마인지 알아봅니다.

27의 $\frac{4}{9}$는 27을 똑같이 9로 나눈
것 중의 4이므로 12입니다.

30~31쪽

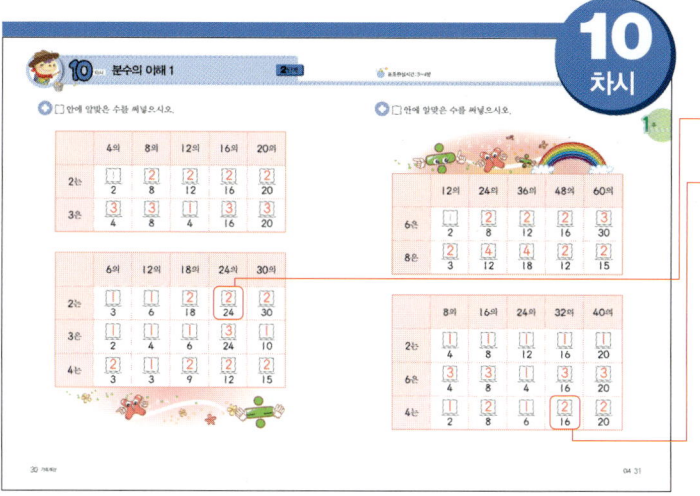

▶ • 2는 24의 $\frac{2}{24}$입니다.

▶ • 4는 32를 똑같이 16으로 나눈
것 중의 2이므로 32의 $\frac{2}{16}$입니
다.

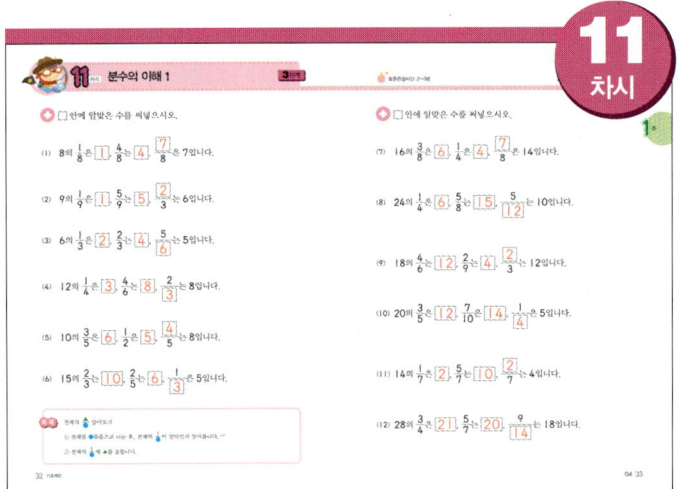

32~33쪽

●의 $\frac{\bigstar}{\blacktriangle}$은 ●를 똑같이 ▲로 나눈 것 중의 ★입니다.

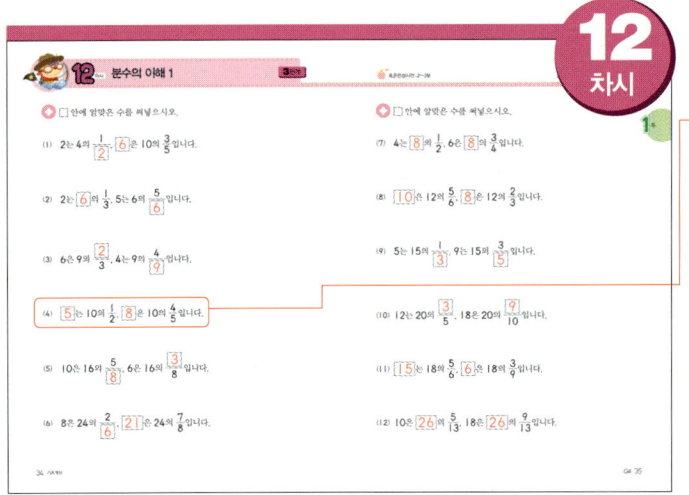

34~35쪽

10의 $\frac{1}{2}$은 5입니다.

10의 $\frac{4}{5}$는 8입니다.

정답 및 지도서 G4

2주 분수의 이해 2

지도 방법

① 분수의 종류(진분수, 가분수, 대분수)에 대해 이해하고 익히는 단계입니다. 그림, 구체적인 사물 등을 통해 양의 개념을 확실히 익힐 수 있도록 합니다.

② 가분수와 대분수의 관계를 이해하고 적절하게 바꿀 수 있도록 지도합니다.

③ 반드시 본 단계를 이해하고 문제를 완전하게 해결한 후, 다음 단계로 이동합니다.

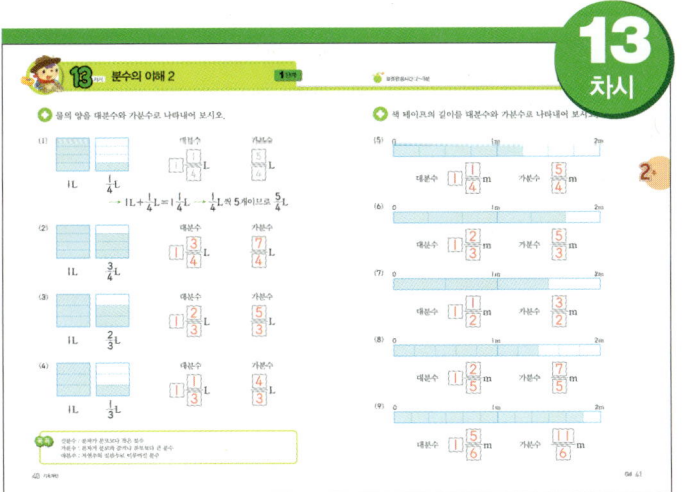

40~41쪽

그림을 통해 대분수와 가분수를 이해합니다.
가분수 : 분자가 분모와 같거나 분모보다 큰 분수
대분수 : 자연수와 진분수로 이루어진 분수

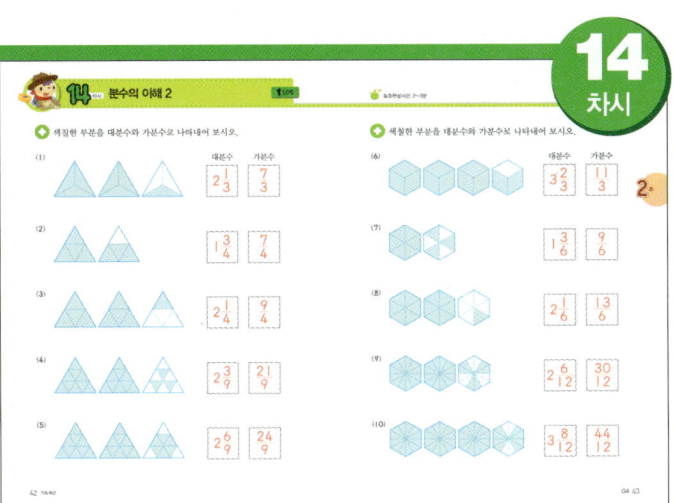

42~43쪽

전체가 색칠된 것은 자연수로 나타냅니다.

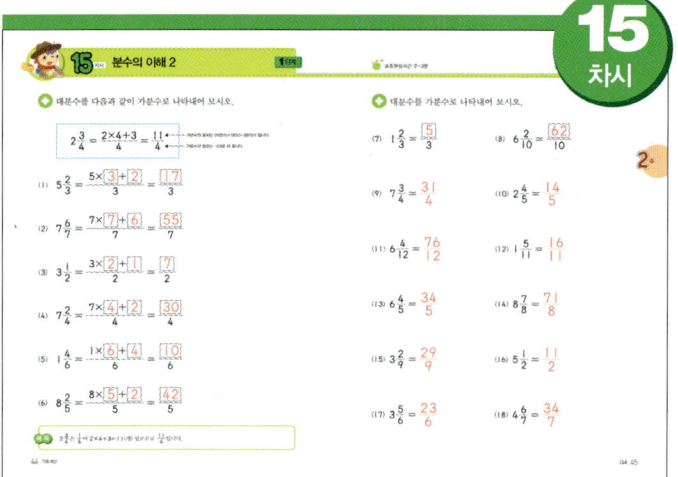

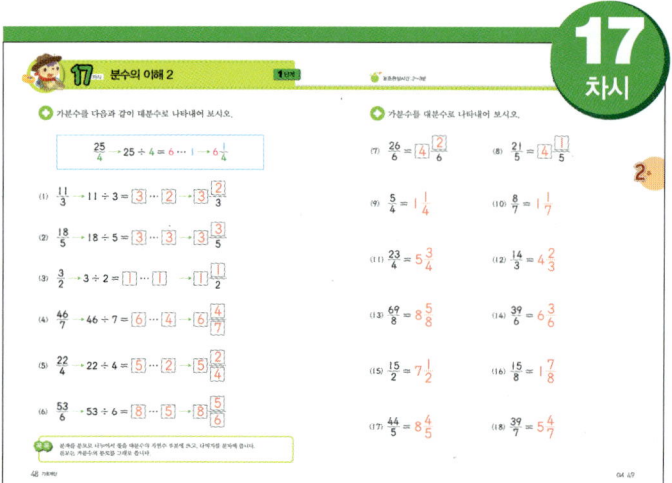

44~45쪽

대분수를 가분수로 고치는 과정을 이해하고, 바르게 고칠 수 있습니다.

46~47쪽

$$8\frac{5}{6}=\frac{8\times6+5}{6}=\frac{53}{6}$$

48~49쪽

가분수를 대분수로 고치는 방법을 이해합니다.

$$\frac{\triangle}{\bullet} \rightarrow \triangle \div \bullet = \blacksquare \cdots \bigstar$$

$$\rightarrow \blacksquare\frac{\bigstar}{\bullet}$$

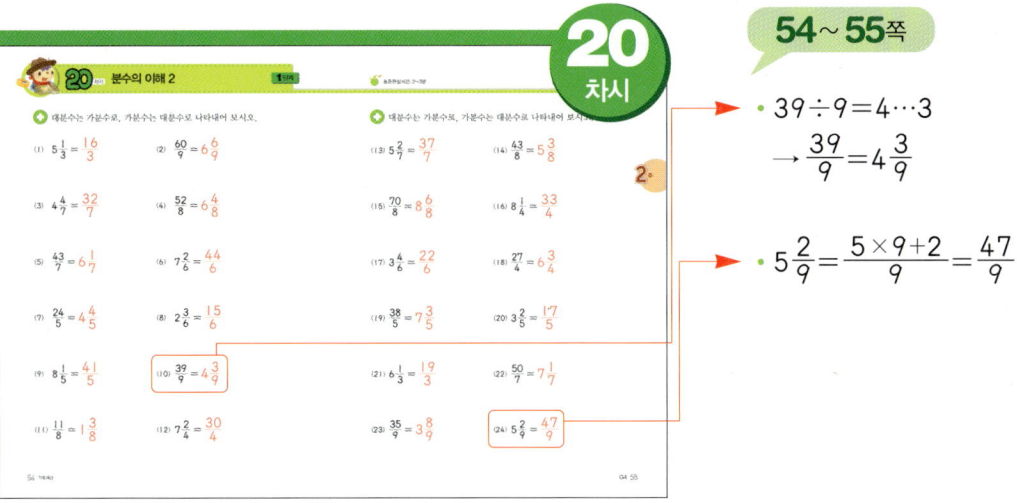

50~51쪽

가분수를 대분수로 바르게 나타낼 수 있습니다.

$9 \div 2 = 4 \cdots 1$이므로

$\frac{9}{2} = 4\frac{1}{2}$입니다.

52~53쪽

대분수는 가분수로, 가분수는 대분수로 고칠 수 있습니다. 충분히 연습하여 따로 식을 쓰지 않고 바로 답을 구할 수 있도록 합니다.

54~55쪽

• $39 \div 9 = 4 \cdots 3$

$\rightarrow \frac{39}{9} = 4\frac{3}{9}$

• $5\frac{2}{9} = \frac{5 \times 9 + 2}{9} = \frac{47}{9}$

56~57쪽

가분수와 대분수를 능숙하게 고쳐서 쓸 수 있도록 충분히 연습합니다.

58~59쪽

따로 식을 계산하여 쓰지 않고 바로 답을 구할 수 있도록 노력합니다.

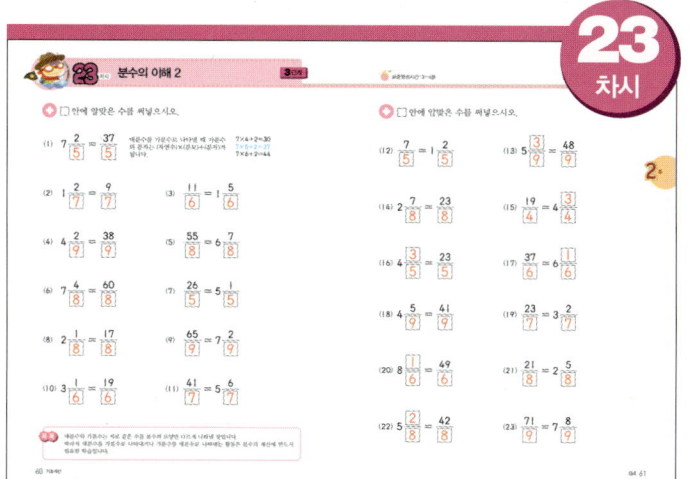

60～61쪽

대분수와 가분수의 관계를 이해하여 □ 안에 알맞은 수를 구합니다.

62～63쪽

$\dfrac{57}{\square}=8\dfrac{\square}{\square}$에서 $8\times6=48$,

$8\times7=56$이므로 분모는 7입니다.

즉, $\dfrac{57}{7}=8\dfrac{1}{7}$입니다.

정답 및 지도서 G4

3주 분수의 이해 3

지도 방법

① 분수의 개념을 바탕으로 분수의 크기를 비교하는 단계입니다. 앞 단계의 내용이 숙달되지 않은 경우에는 이해하기 어려우므로 분수의 개념이 정립되었는지 확인한 다음 본 단계로 들어갑니다.

② 여러 번 반복하여 완전히 이해한 후, 다음 단계로 넘어가도록 합니다.

25 차시

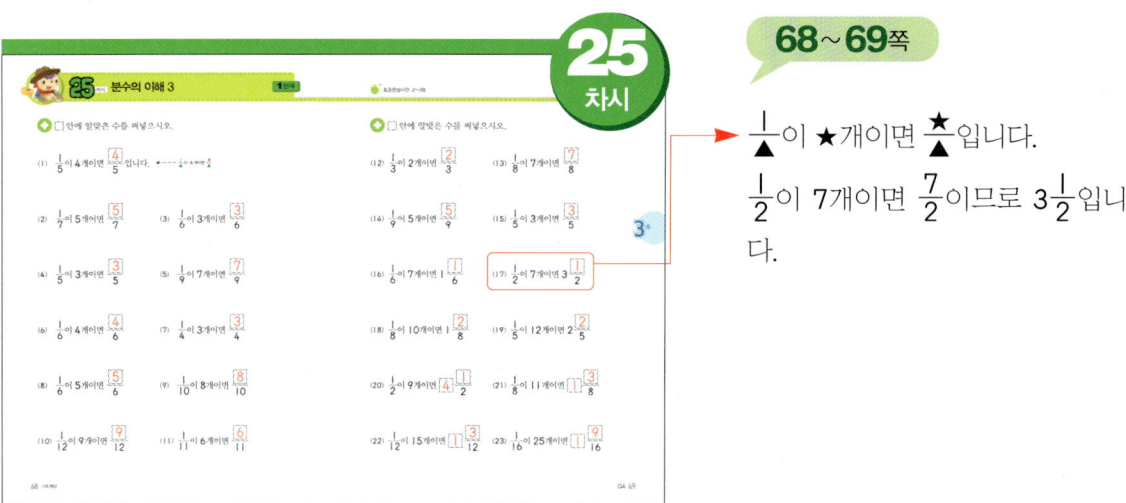

68~69쪽

$\frac{1}{▲}$이 ★개이면 $\frac{★}{▲}$입니다.

$\frac{1}{2}$이 7개이면 $\frac{7}{2}$이므로 $3\frac{1}{2}$입니다.

26 차시

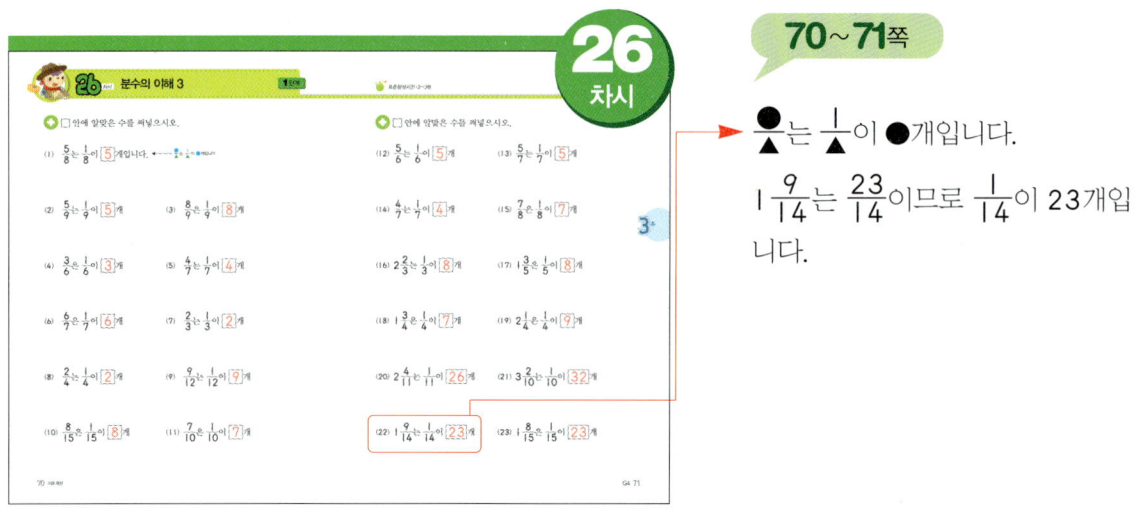

70~71쪽

$\frac{●}{▲}$는 $\frac{1}{▲}$이 ●개입니다.

$1\frac{9}{14}$는 $\frac{23}{14}$이므로 $\frac{1}{14}$이 23개입니다.

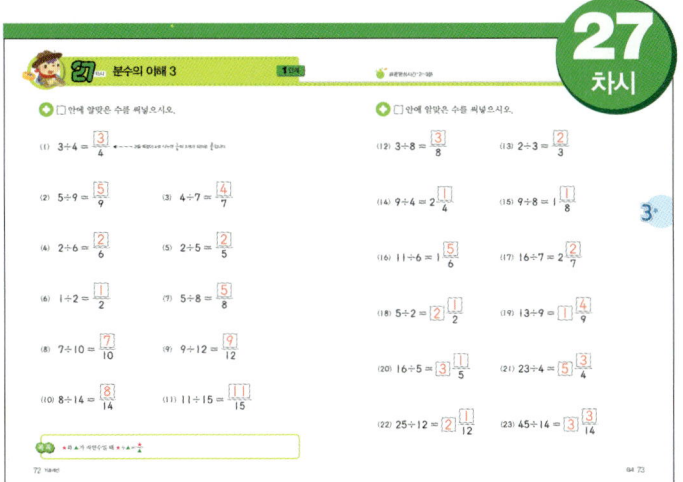

72~73쪽

자연수의 나눗셈을 분수로 나타내는 방법을 이해합니다.

$$★÷▲=\frac{★}{▲}$$

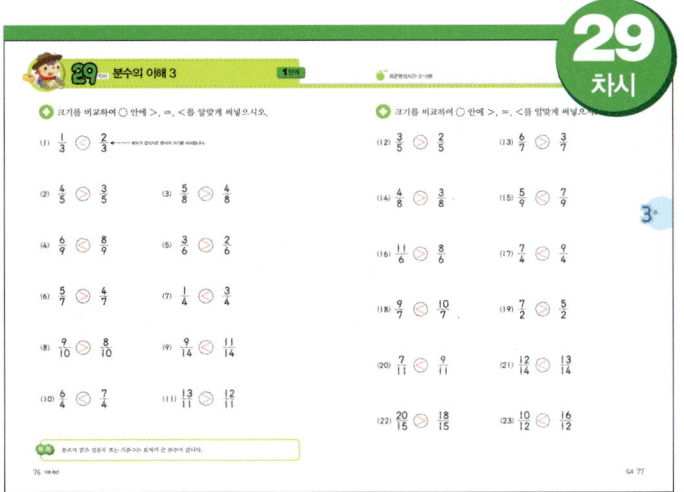

74~75쪽

1과 크기가 같은 분수는 분모와 분자의 숫자가 같습니다.

76~77쪽

분모가 같은 진분수 또는 가분수는 분자가 큰 분수가 더 큽니다.

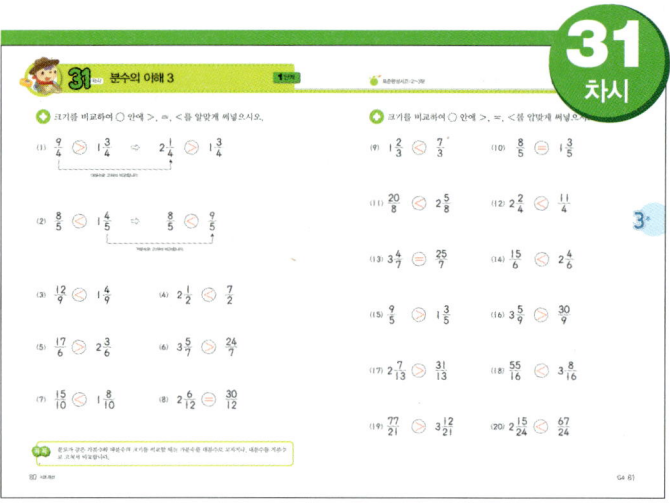

78~79쪽

대분수의 크기는 자연수 부분이 큰 수가 더 큽니다. 자연수 부분이 같은 경우 진분수의 크기를 비교합니다.

80~81쪽

가분수와 대분수의 크기는 모두 가분수 또는 모두 대분수로 고쳐서 비교합니다.

82~83쪽

$\frac{1}{▲}$의 ★배는 $\frac{★}{▲}$이고,

$\frac{●}{▲}$는 $\frac{1}{▲}$의 ●배입니다.

84~85쪽

분수의 크기를 능숙하게 비교할 수 있고, 분수의 크기를 비교하는 방법을 정리하여 설명할 수 있습니다.

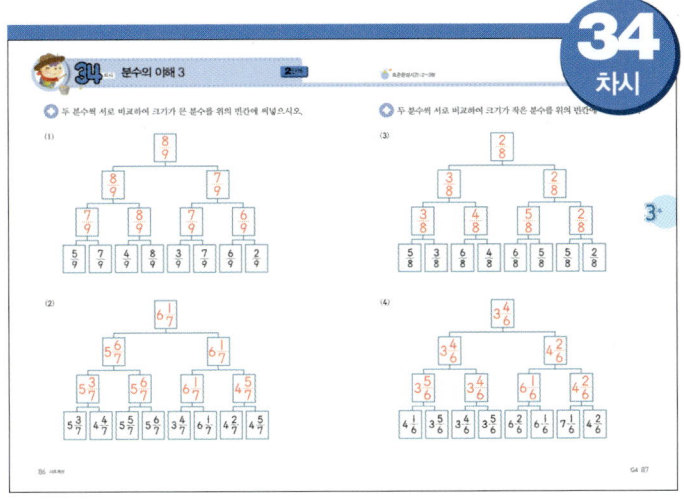

86~87쪽

비교적 쉬운 문제이므로 바로 답을 쓰면서 해결할 수 있도록 합니다.

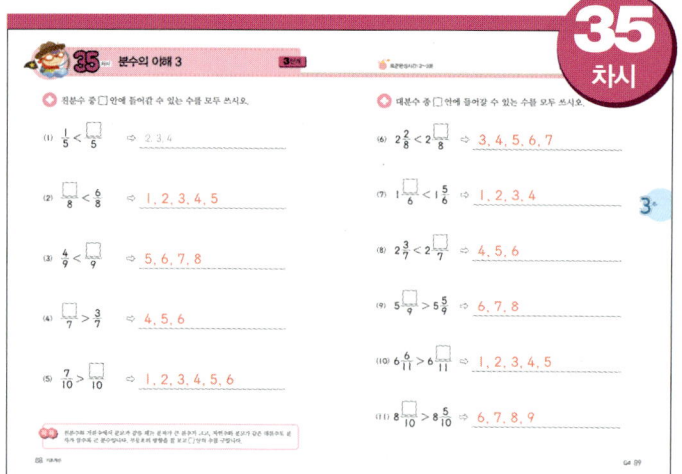

88~89쪽

분수의 크기를 비교하는 방법을 바탕으로 □ 안에 알맞은 수를 구합니다.

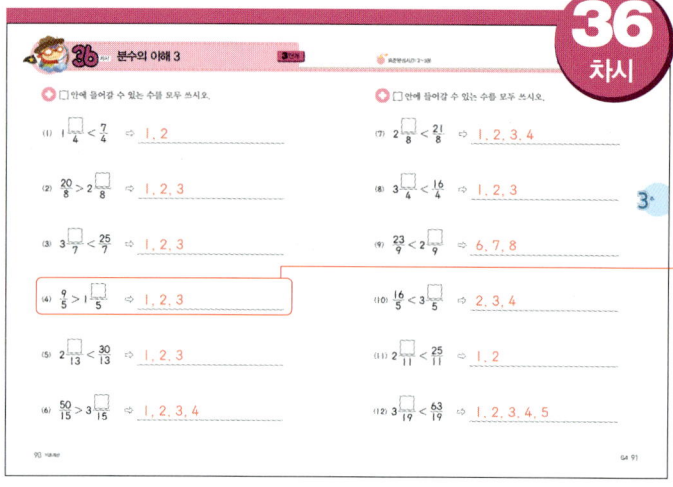

90~91쪽

① 가분수를 대분수로 고쳐서 비교해 봅니다.

$$\frac{9}{5} = 1\frac{4}{5}$$

② $1\frac{4}{5} > 1\frac{\square}{5}$ 에서 □ 안에 알맞은 수는 1, 2, 3입니다.

4주 분수의 덧셈

지도 방법

① 지금까지 배운 분수에 대한 이해를 바탕으로 연산을 배우게 되는 단계입니다.

② 그림이나 구체적인 사물 등을 이용하여 분수의 덧셈 방법을 지도합니다.

③ 반드시 완전히 이해하고 문제를 해결할 수 있을 때, 다음 단계로 이동합니다.

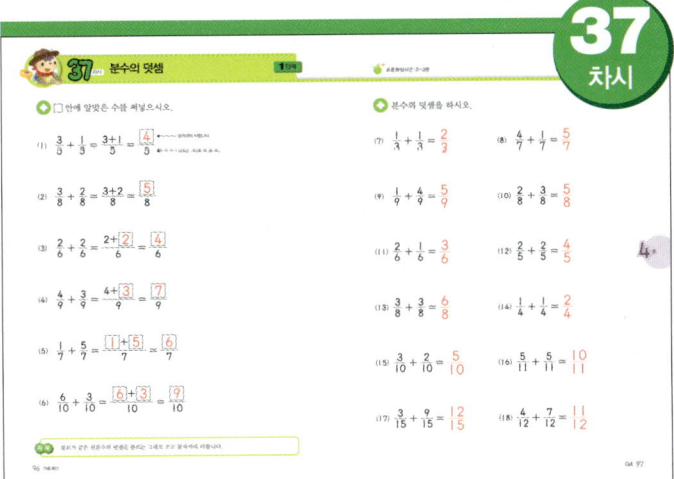

96~97쪽

분모가 같은 진분수의 덧셈입니다. 분모는 그대로 쓰고, 분자끼리 더합니다.

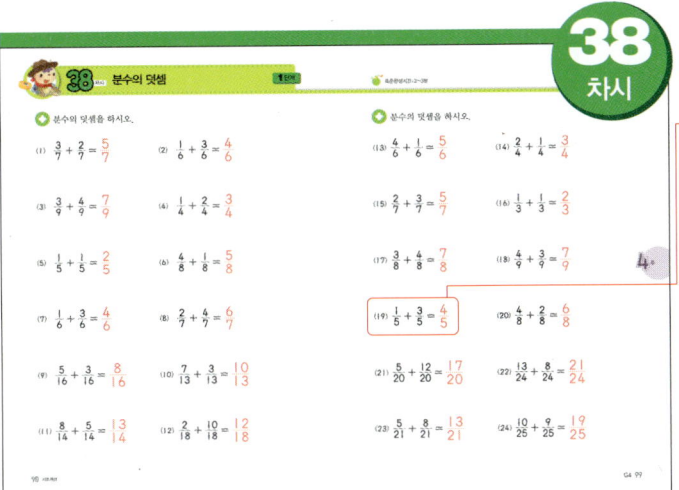

98~99쪽

$$\frac{1}{5} + \frac{3}{5} = \frac{1+3}{5} = \frac{4}{5}$$

분모는 그대로 쓰고, 분자끼리 더합니다.

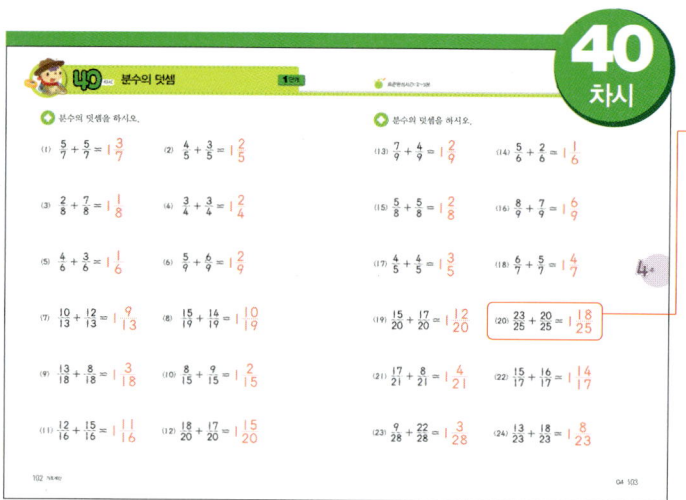

39차시 분수의 덧셈

□ 안에 알맞은 수를 써넣으시오.

(1) $\frac{2}{3}+\frac{2}{3}=\frac{2+2}{3}=\frac{4}{3}=1\frac{1}{3}$

(2) $\frac{5}{7}+\frac{4}{7}=\frac{5+4}{7}=\frac{9}{7}=1\frac{2}{7}$

(3) $\frac{7}{9}+\frac{8}{9}=\frac{7+8}{9}=\frac{15}{9}=1\frac{6}{9}$

(4) $\frac{2}{5}+\frac{4}{5}=\frac{2+4}{5}=\frac{6}{5}=1\frac{1}{5}$

(5) $\frac{3}{4}+\frac{2}{4}=\frac{3+2}{4}=\frac{5}{4}=1\frac{1}{4}$

(6) $\frac{4}{8}+\frac{6}{8}=\frac{4+6}{8}=\frac{10}{8}=1\frac{2}{8}$

분수의 덧셈을 하시오.

(7) $\frac{3}{5}+\frac{4}{5}=1\frac{2}{5}$ (8) $\frac{5}{8}+\frac{7}{8}=1\frac{4}{8}$

(9) $\frac{3}{6}+\frac{5}{6}=1\frac{2}{6}$ (10) $\frac{2}{4}+\frac{3}{4}=1\frac{1}{4}$

(11) $\frac{3}{7}+\frac{6}{7}=1\frac{2}{7}$ (12) $\frac{4}{6}+\frac{5}{6}=1\frac{3}{6}$

(13) $\frac{5}{8}+\frac{4}{8}=1\frac{1}{8}$ (14) $\frac{8}{9}+\frac{5}{9}=1\frac{4}{9}$

(15) $\frac{4}{10}+\frac{9}{10}=1\frac{3}{10}$ (16) $\frac{6}{11}+\frac{8}{11}=1\frac{5}{11}$

(17) $\frac{11}{14}+\frac{9}{14}=1\frac{6}{14}$ (18) $\frac{7}{12}+\frac{8}{12}=1\frac{3}{12}$

100~101쪽

분모가 같은 진분수끼리의 덧셈은 분모는 그대로 쓰고, 분자끼리 더합니다. 계산 결과가 가분수이면 대분수로 고쳐서 나타냅니다.

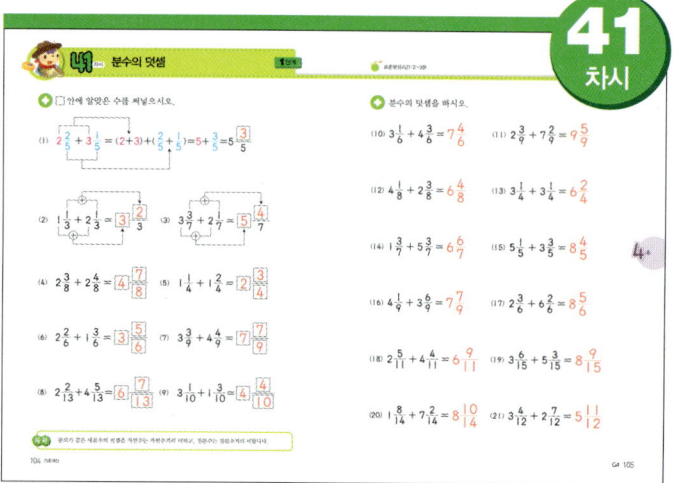

40차시 분수의 덧셈

분수의 덧셈을 하시오.

(1) $\frac{5}{7}+\frac{5}{7}=1\frac{3}{7}$ (2) $\frac{4}{5}+\frac{3}{5}=1\frac{2}{5}$

(3) $\frac{2}{8}+\frac{7}{8}=1\frac{1}{8}$ (4) $\frac{3}{4}+\frac{3}{4}=1\frac{2}{4}$

(5) $\frac{4}{6}+\frac{3}{6}=1\frac{1}{6}$ (6) $\frac{5}{9}+\frac{6}{9}=1\frac{2}{9}$

(7) $\frac{10}{13}+\frac{12}{13}=1\frac{9}{13}$ (8) $\frac{15}{19}+\frac{14}{19}=1\frac{10}{19}$

(9) $\frac{13}{18}+\frac{8}{18}=1\frac{3}{18}$ (10) $\frac{8}{15}+\frac{9}{15}=1\frac{2}{15}$

(11) $\frac{12}{16}+\frac{15}{16}=1\frac{11}{16}$ (12) $\frac{18}{20}+\frac{17}{20}=1\frac{15}{20}$

분수의 덧셈을 하시오.

(13) $\frac{7}{9}+\frac{4}{9}=1\frac{2}{9}$ (14) $\frac{5}{6}+\frac{2}{6}=1\frac{1}{6}$

(15) $\frac{5}{8}+\frac{5}{8}=1\frac{2}{8}$ (16) $\frac{8}{9}+\frac{7}{9}=1\frac{6}{9}$

(17) $\frac{4}{5}+\frac{4}{5}=1\frac{3}{5}$ (18) $\frac{6}{7}+\frac{5}{7}=1\frac{4}{7}$

(19) $\frac{15}{20}+\frac{17}{20}=1\frac{12}{20}$ (20) $\frac{23}{25}+\frac{20}{25}=1\frac{18}{25}$

(21) $\frac{17}{21}+\frac{8}{21}=1\frac{4}{21}$ (22) $\frac{15}{17}+\frac{16}{17}=1\frac{14}{17}$

(23) $\frac{9}{28}+\frac{22}{28}=1\frac{3}{28}$ (24) $\frac{13}{23}+\frac{18}{23}=1\frac{8}{23}$

102~103쪽

$$\frac{23}{25}+\frac{20}{25}=\frac{43}{25}=1\frac{18}{25}$$

41차시 분수의 덧셈

□ 안에 알맞은 수를 써넣으시오.

(1) $2\frac{2}{5}+3\frac{1}{5}=(2+3)+\left(\frac{2}{5}+\frac{1}{5}\right)=5\frac{3}{5}=5\frac{3}{5}$

(2) $1\frac{1}{3}+2\frac{1}{3}=3\frac{2}{3}$ (3) $3\frac{3}{7}+2\frac{1}{7}=5\frac{4}{7}$

(4) $2\frac{3}{8}+2\frac{4}{8}=4\frac{7}{8}$ (5) $1\frac{1}{4}+1\frac{2}{4}=2\frac{3}{4}$

(6) $2\frac{2}{6}+1\frac{3}{6}=3\frac{5}{6}$ (7) $3\frac{3}{9}+4\frac{4}{9}=7\frac{7}{9}$

(8) $2\frac{2}{13}+4\frac{3}{13}=6\frac{5}{13}$ (9) $3\frac{1}{10}+1\frac{3}{10}=4\frac{4}{10}$

분수의 덧셈을 하시오.

(10) $3\frac{1}{6}+4\frac{5}{6}=7\frac{6}{6}$ (11) $2\frac{3}{9}+7\frac{2}{9}=9\frac{5}{9}$

(12) $4\frac{1}{8}+2\frac{3}{8}=6\frac{4}{8}$ (13) $3\frac{1}{4}+3\frac{1}{4}=6\frac{2}{4}$

(14) $1\frac{3}{7}+5\frac{3}{7}=6\frac{6}{7}$ (15) $5\frac{1}{5}+3\frac{3}{5}=8\frac{4}{5}$

(16) $4\frac{4}{9}+3\frac{3}{9}=7\frac{7}{9}$ (17) $2\frac{3}{6}+6\frac{2}{6}=8\frac{5}{6}$

(18) $2\frac{5}{11}+4\frac{4}{11}=6\frac{9}{11}$ (19) $3\frac{6}{15}+5\frac{3}{15}=8\frac{9}{15}$

(20) $1\frac{8}{14}+7\frac{2}{14}=8\frac{10}{14}$ (21) $3\frac{4}{12}+2\frac{7}{12}=5\frac{11}{12}$

104~105쪽

분모가 같은 대분수의 덧셈은 자연수는 자연수끼리 더하고, 진분수는 진분수끼리 더하여 계산합니다.

106~107쪽

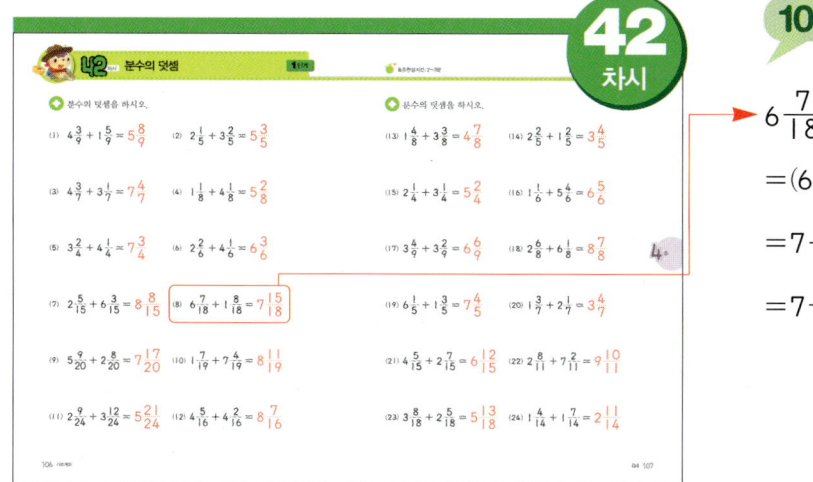

$$6\frac{7}{18}+1\frac{8}{18}$$
$$=(6+1)+(\frac{7}{18}+\frac{8}{18})$$
$$=7+\frac{15}{18}$$
$$=7\frac{15}{18}$$

108~109쪽

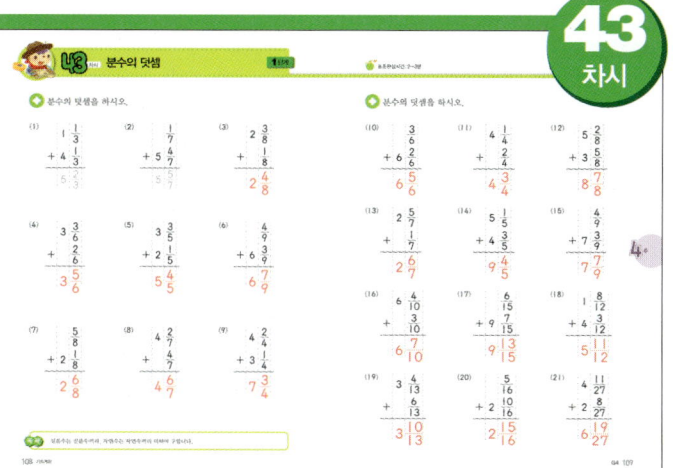

진분수끼리 먼저 더하고, 자연수끼리 더합니다.

110~111쪽

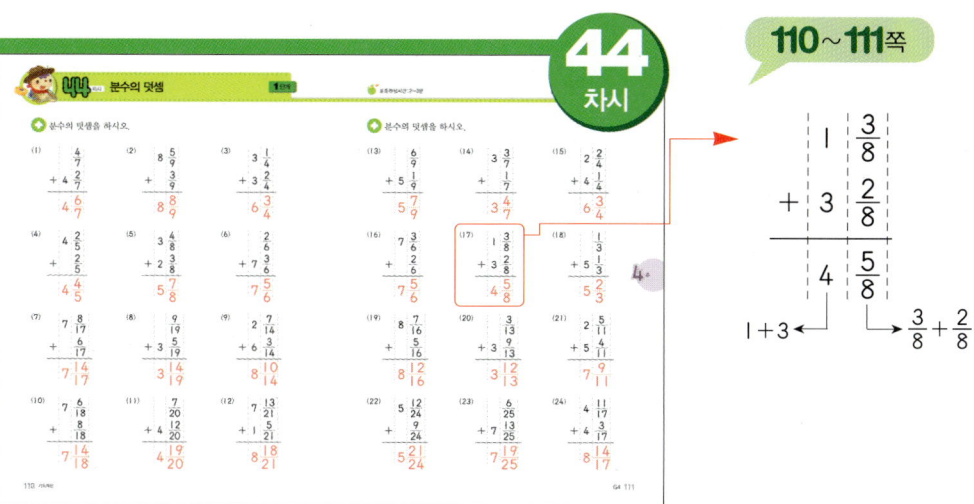

112~113쪽

분모가 같은 진분수끼리의 덧셈을 능숙하게 계산할 수 있는지 확인합니다.

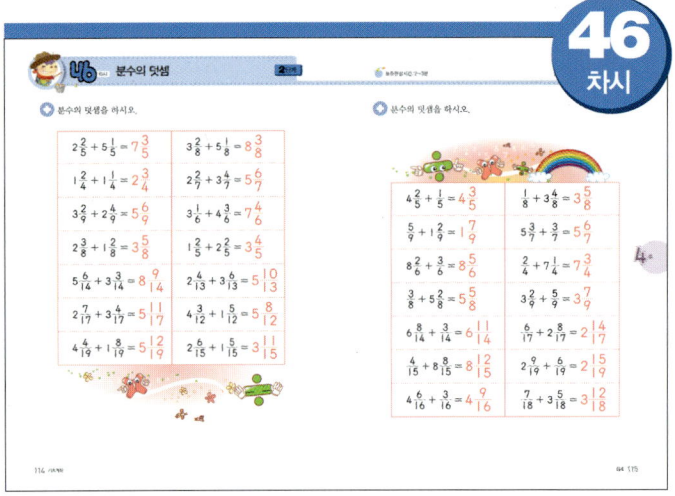

114~115쪽

분수의 덧셈 방법을 잘 익혀서 문제를 해결할 수 있는지 살펴봅니다.

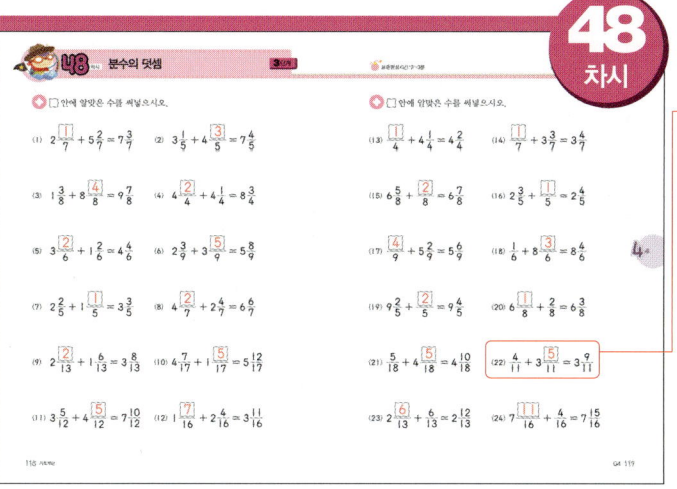

116~117쪽

□ 안에 알맞은 수를 구하면서 분수의 덧셈 방법을 다시 한 번 정리합니다.

118~119쪽

$$\frac{4}{11} + 3\frac{\square}{11} = 3 + \left(\frac{4}{11} + \frac{\square}{11}\right)$$
$$= 3\frac{4+\square}{11}$$

$4 + \square = 9$이므로 $\square = 5$입니다.

분수의 개념을 확실히 익힌 다음, 문제를 해결하도록 합니다.

분모가 같은 대분수의 덧셈은 자연수는 자연수끼리 더하고, 진분수는 진분수끼리 더하여 계산합니다.

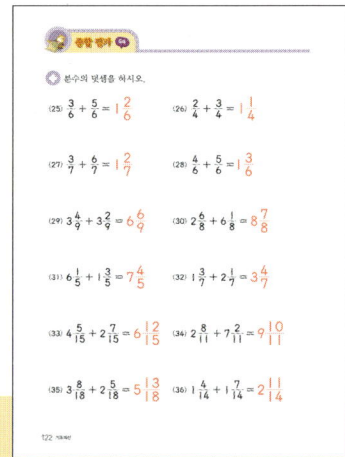